MULHERES EQUILIBRISTAS

Adriana Maria Loch

— Fundadora do programa Mulheres Equilibristas —

MULHERES EQUILIBRISTAS

Uma conversa sobre carreira, família e sonhos

ALTA BOOKS
GRUPO EDITORIAL
Rio de Janeiro, 2024

Mulheres Equilibristas

ISBN: 978-85-508-2300-3

Impresso no Brasil — 1ª Edição, 2024 — Edição revisada conforme o Acordo Ortográfico da Língua Portuguesa de 2009.

Dados Internacionais de Catalogação na Publicação (CIP)
(Câmara Brasileira do Livro, SP, Brasil)

Loch, Adriana
Mulheres equilibristas : uma conversa sobre carreira, família e sonhos / Adriana Loch. -- 1. ed. -- Rio de Janeiro : Alta Books, 2024.

ISBN 978-85-508-2300-3

1. Carreira profissional - Administração 2. Mulheres - Administração do tempo 3. Mulheres - Aspectos sociais 4. Relacionamento familiar I. Título.

24-196678 CDD-305.42

Índices para catálogo sistemático:

1. Mulheres : Aspectos sociais : Sociologia 305.42

Eliane de Freitas Leite - Bibliotecária - CRB 8/8415

Grupo Editorial Alta Books

Produção Editorial: Grupo Editorial Alta Books
Diretor Editorial: Anderson Vieira
Editor da Obra: J. A. Ruggeri
Vendas Governamentais: Cristiane Mutüs
Gerência Comercial: Claudio Lima
Gerência Marketing: Andréa Guatiello

Produtora Editorial: Ana Clara Tambasco
Revisão: Denise Himpel e Renan Amorim
Diagramação: Rita Motta
Capa: Paulo Gomes

ALTA BOOKS
GRUPO EDITORIAL

Rua Viúva Cláudio, 291 — Bairro Industrial do Jacaré
CEP: 20.970-031 — Rio de Janeiro (RJ)
Tels.: (21) 3278-8069 / 3278-8419
www.altabooks.com.br — altabooks@altabooks.com.br
Ouvidoria: ouvidoria@altabooks.com.br

Editora **afiliada à:**

Dedico esta obra às mulheres e homens que fazem parte da minha vida — a começar pela minha família, amigos, sócios, colegas de trabalho, e, sobretudo, meus filhos Matheus e Maria Chiara *(in memorian)*.

SUMÁRIO

01

E Agora?

Tenho a data na ponta da língua: 21 de março de 2012. Chovia muito em Florianópolis (SC). Minhas mãos suavam frio e meu estômago relampejava. Já reparou como o medo está sempre presente nos momentos mais importantes da vida?

Ninguém gosta de sentir isso — fugimos dele como o diabo da cruz, mas o medo é sempre o prenúncio de uma grande virada.

Naquele dia não foi diferente. Mesmo sabendo que o que tinha em mãos era valioso, minha confiança diminuía com o tique-taque do relógio. As dúvidas se multiplicavam como os pingos da chuva.

E se ninguém aparecer?

E se for um fracasso?

E se for mais do mesmo?

E se não fizer diferença?

E se todo meu empenho tiver sido em vão?

E se...?

E se...?

Por que fazemos isso mesmo?

Eu estava prestes a parir o resultado de uma investigação sobre protagonismo feminino. A inspiração veio de uma curiosidade. Contei também com o estímulo de alguns homens para levar a empreitada adiante.

Dois anos antes, Luciano Rossi Pinheiro, que viria ser um dos meus sócios na Clarius, uma empresa de consultoria de transformação do conhecimento, mostrou-me a apresentação de Sheryl Sandberg, COO do Facebook, durante uma conferência TED em 2010[1]. Da mesma forma, Nilmar Paul e Ricardo Titericz, então meus colegas de Empretec e, hoje, também sócios da Clarius, simpatizaram com a minha busca e me presentearam com livros sobre o tema. Deixaram, ainda, uma provocação: quando sairá o seu?

Uma década se passou, e Sheryl é, ainda hoje, uma das poucas mulheres no topo de uma organização, sobretudo na indústria de tecnologia. Naquela apresentação, lá atrás, ela colocou o dedo na ferida e expôs a solidão, a repressão, a ignorância, a cegueira, os desafios, a dúvida e a estagnação da ascensão feminina no mundo corporativo.

> "Hoje quero focar o que podemos fazer individualmente. Quais são as mensagens que temos que nos dizer? Quais são as mensagens que passamos às mulheres que trabalham com e para nós? Quais são as mensagens que contamos às nossas filhas?"
>
> **Sheryl Sandberg**, COO do Facebook[2]

Fiquei atordoada com as palavras de Sheryl. Perdi a conta de quantas vezes apertei o *play* e o *pause* para remoer cada trechinho daquela narrativa. Visualizei cada situação em minha cabeça. Revisitei minhas histórias. Desenterrei questões — e, sim, medos — que nunca tinha revelado a ninguém.

E agora?

E agora?

E A-G-O-R-A?

Por ironia, eu também repeti essa pergunta insistentemente em 2009. Na época, vi-me diante de uma encruzilhada pessoal: o fim do meu casamento. Fiquei desequilibrada. Comecei a namorar o pai do meu filho aos 19 anos e nos casamos 6 anos depois. Foi, literalmente, o início de uma vida nova, pois nos mudamos de Cascavel (PR) para Blumenau (SC), onde não tínhamos conexões — ninguém da família, nenhum amigo, nem uma rede de apoio. Eu me apaixonei à primeira vista por essa cidade catarinense, e dessa paixão brotaram vários sonhos. Meu marido tinha enviado currículos para empresas de tecnologia e logo conseguiu uma colocação. Eu simplesmente o segui, pronta para encarar aquela folha em branco e reiniciar minha carreira.

Deixei para trás Cascavel (PR), onde fiz faculdade e descobri minha vocação. Comecei minha jornada profissional como estagiária no Sebrae. Não me importava em ser a recepcionista ou a mocinha do xerox, pois enxergava em cada tarefa, em cada ambiente, uma chance única de aprender. Na época, o empreendedorismo não era uma palavra tão em voga. O convite era para que as pessoas se tornassem empresárias. Eu inalava aquilo tudo e adorava estar no centro do furacão do conhecimento. Achava o máximo!

Construí fortes raízes ali. Cresci, tornei-me consultora e também sofri uma das piores decepções da minha vida — fui demitida. O tombo inesperado ocorreu no pior momento possível: meus pais estavam se separando e o litígio abalou a família toda.

> "Um avião só decola sob vento contrário."
>
> **Chieko Aoki**, fundadora da rede Blue Tree Hotel[3]

Você não vai acreditar, mas fui trabalhar em uma escola de idiomas por um salário quase dez vezes menor que o anterior. Não foi desespero nem nada. Eu sabia que um dos meus pontos fracos era o inglês e fiz a escolha de, naquele momento, aceitar aquela posição, naquelas condições, pelo benefício de uma bolsa integral. Se me apertasse, meu pai me socorreria. Tinha essa segurança.

O curso foi intenso e me ajudou a alavancar o currículo, junto com a pós-graduação em consultoria empresarial. Na hora certa, fiz um novo movimento e ajustei meu rendimento. Mesmo com a casa arrumada, não tive medo de largar tudo para seguir meu marido em Blumenau. A atmosfera da cidade me animava.

Nos primeiros meses, dividi-me entre disparar currículos e montar a casa. Sempre tive um alvo, o Sebrae local, mas não me fechei para as oportunidades. A primeira delas surgiu da forma mais inesperada possível. Fui acertar alguns detalhes de manutenção do imóvel que alugamos, e a dona da imobiliária, surpresa com a minha praticidade para resolver questões burocráticas, fez-me a proposta ali mesmo. "Quero esse sorriso e essa eficiência aqui", disse ela. Confesso que fiquei surpresa, mas aceitei na hora. *Por que não?*, pensei.

Eu não tinha experiência com o mercado imobiliário. Notava, obviamente, os olhares de desconfiança ou os comentários sobre a minha capacidade. Os colegas chamavam de ingenuidade o que para mim era, e ainda é, honestidade. Fiquei cerca de seis meses nesse emprego e resolvi sair quando os meus valores entraram em conflito com os da empresa.

De lá, fui para o setor de exportação da Hering. Não pense que desviei os olhos do meu objetivo, deixando a vida me levar para onde quer que o vento soprasse. Não, eu continuava tentando conseguir uma reunião no Sebrae. Essa teimosia tinha motivo: eu comungava com as mesmas crenças e valores dessa instituição e queria empregar tudo o que tinha aprendido em favor de outros.

Não foi fácil abrir essa porta. Tive que entender que não sairia do lugar sozinha. Eu precisava e podia pedir ajuda.

> "Às vezes a gente tem que ser meio louco mesmo, extremamente obstinado, porque a loucura funciona — desde que exista disciplina, um objetivo muito claro, pé no chão e humildade de saber que a gente vai errar muito, vai aprender com os erros e continuar."
>
> **Leila Vélez**, sócia-fundadora da rede de salões Beleza Natural[4]

A rede, então, se formou: Orestes Hotz, do Sebrae de Cascavel, entrou em contato com Antonio Hélio, coordenador em Blumenau, que me deu a chance de mostrar o meu valor. A primeira palestra, "Ser ou não ser empresário", foi o ponto de partida para uma série de outras atividades — inclusive, aulas em faculdade sobre "Plano de Negócios" e "Planejamento Estratégico".

Não demorei muito para definir outro objetivo: o Empretec. Essa palavra ativou em mim uma memória lá dos tempos de Cascavel. Enquanto tirava xerox na sala dos consultores, escutei a conversa de dois deles. "É só para os melhores", disse um. Exagero? Nada. Eles não estavam brincando! Assim que me lembrei desses termos — "Empretec" e "os melhores" —, quis logo fazer parte desse grupo também. Eu sabia que podia, sabia que merecia, sabia que faria o meu melhor.

Esse seminário, desenvolvido pela Organização das Nações Unidas (ONU) e aplicado com exclusividade pelo Sebrae há mais de três décadas, é um curso intensivo de 60 horas, aplicado em apenas 6 dias, para promover o empreendedorismo. Cada vaga é superdisputada e, entre outros benefícios, fomenta dez características consideradas fundamentais para gerar negócios inovadores e sustentáveis[5]:

- Busca de oportunidade e iniciativa
- Persistência
- Correr riscos calculados
- Exigência de qualidade e eficiência
- Comprometimento
- Busca de informações
- Estabelecimento de metas
- Planejamento e monitoramento sistemáticos
- Persuasão e rede de contatos
- Independência e autoconfiança

Eu não perdi tempo — não só me inscrevi para participar da maratona, como também decidi que não me interessava somente colocar as mãos no diploma da ONU. Não, eu queria mais. Queria ser facilitadora do programa.

Em 2003, quando comecei como instrutora trainee, todos os facilitadores em Santa Catarina eram homens. Sim, T-O-D-O-S. Eu estava tão obstinada (ou louca, como diria Leila), que nem parei para pensar onde estariam as outras mulheres. Nem cheguei a questionar se seria possível "chegar lá". Só visualizei o lugar onde queria estar e me entreguei a isso.

> "Tire seus sonhos da gaveta."
>
> **Janete Vaz**, cofundadora da rede de laboratórios Sabin[6]

Não, não foi fácil. Eu tinha 23 anos e, em vários momentos, pensei em desistir. Os feedbacks testavam minha estrutura intelectual e emocional. Em vários momentos, senti vontade de mandar todos aqueles homens sabichões para o inferno. Não tenho vergonha de dizer que senti vontade de chorar também. E confesso: algumas lágrimas caíram, mas ninguém nunca as viu. Discretamente, liberei emoções e toxinas, levantei a cabeça e segui em frente. Mantive os olhos no prêmio, e essa persistência, após dois longos anos, foi recompensada. Fui credenciada por duas sumidades: Sandro Morales e Norton Savi. Podia ter, enfim, sossegado, mas o reconhecimento deles me fez querer abrir outra porta — a da liderança.

Todo seminário do Empretec é conduzido por dois ou três facilitadores, sendo que um é o líder. Para conquistar esse título, é preciso enfrentar uma carga horária pesada e mais uma tonelada de responsabilidades. Ao líder recai o ônus e o bônus, o fracasso e a glória de cada treinamento.

Essa jornada consumiu mais dois anos da minha vida, totalizando cinco anos de dedicação quase que exclusiva ao Empretec, de participante à líder. Nessa última etapa, preciso mencionar o apoio marcante de dois facilitadores: Joacir Gonçalves e Jaime Folle, que me nomearam.

Depois de ser credenciada, junto com a busca pela liderança, chegou a vez de me dedicar a outro sonho: o de ser mãe. Desde menina, sempre quis ser mãe. Planejei tudo: a idade em que isso aconteceria, quando engravidaria e quando daria à luz. No meu cronograma, a gestação começaria em abril, para que meu bebê nascesse em janeiro, dando-me mais tempo com o meu filho. Errei os cálculos por dois meses, pois engravidei em junho e tive Matheus em 30 de março de 2005.

É claro que logo eu descobriria que o controle da vida não nos pertence. Eu era superplanejada — até me tornar mãe. Parafraseando as americanas

Trisha Ashwoth e Amy Nobile, "era uma ótima mãe, até ter filhos"[7]. Aprendi na marra, que é bom fazer planos, mas eles precisam ser flexíveis.

> "Neste lugar, em que somos plenas, nossos filhos se tornam nossos próprios parceiros, principalmente se soubermos nos dedicar e mostrar que eles são e sempre serão a melhor parte de nós mesmas. E assim, quando saltamos, eles saltam conosco."
>
> **Maria Inês Vasconcelos**, advogada trabalhista[8]

Em um primeiro momento, não fiquei preocupada com a minha carreira. Eu era tão apaixonada pelo meu trabalho que sabia, sabe-se lá como, que tudo daria certo. Em dois meses, já estava de volta aos seminários. Meu marido não compartilhava do mesmo sentimento e logo se prontificou a tirar um período sabático para acompanhar mais de perto os primeiros meses do nosso filho.

Quando Matheus tinha pouco mais de um ano, engravidei de novo — dessa vez, sem querer, sem plano, sem previsão. Foi uma surpresa e um susto. Sempre quis que meu filho tivesse um irmão ou irmãos, mas não esperava que isso acontecesse tão rápido. Um dia, durante o ultrassom, o médico pensou em voz alta: "Cadê o bebê?"

Sim, ele havia partido. Ficou conosco apenas oito semanas. Chorei por um dia inteiro e só me refiz porque precisava estar bem para Matheus. Ele continuava aqui.

Meu corpo expeliu o feto pela metade e precisei me submeter à temida curetagem. O procedimento é parecido com o parto — a diferença é que, dessa vez, voltei para casa sem o meu bebê nos braços. Como meu marido estava viajando, a minha sogra me fez companhia — mais do que isso, chorou comigo, cuidou de Matheus, cuidou de mim... Eu intuía que teria uma menina, então, por lembrança da minha vizinha de porta, Katia, eu a batizei de Maria Chiara Loch Mallmann.

Esse episódio ajudou a desmantelar uma imagem que construí na minha cabeça sobre o casamento. Nunca sonhei com um príncipe encantado — só com um pai encantado. Idealizei o comportamento do meu parceiro e pai do meu filho. Imaginei cenas de filmes: do homem que venera a barriga da mulher, cuida com presteza do recém-nascido, seguindo alegremente minhas orientações e fazendo tudo do jeito que eu queria, da forma como eu considerava melhor para o nosso filho.

É claro que a vida não imita a arte (e aposto que você está rindo, porque também já descobriu isso 😆). Não tenho vergonha de admitir que, inocente, cheguei a fazer listas para o pai de Matheus até com os horários de trocas de fralda. Pode parecer estranho e extremamente controlador, mas era uma tentativa de facilitar a vida dele e assegurar que nosso filho tivesse todo o cuidado necessário.

Aliás, nem a escolha do nome do nosso filho foi fácil (alguém mais passou por isso?). A primeira opção era André; daí surgiu Felipe e Heitor, até que, finalmente, optamos por Matheus, que significa "dom de Deus". Não é lindo? Ao descobrir isso, depois de tanta confusão, batemos o martelo na hora. O H no meio? Charme do pai.

Quando meu filho tinha quatro meses, as avós notaram que ele mexia mais a mão esquerda do que a direita. Eu nunca tinha reparado nisso. Para mim, ele era perfeito (e continua sendo!). Comentei com a pediatra, que não deu muita bola. Eu confiava muito nela, então fiquei mais tranquila, mas passei a observá-lo mais atentamente. Logo notei que meu filho fazia uma figa com uma das mãos e passava muito tempo assim.

Durante uma viagem a Cascavel para visitar as famílias, Matheus pegou um resfriado tão forte que tivemos de levá-lo ao hospital local. Meu marido, também encafifado, aproveitou para perguntar se aquela "mania" de fazer a figuinha era normal. O médico logo arregalou os olhos e negou. "Leve a um especialista para fazer exames", sugeriu.

Meu mundo caiu! Que mãe está preparada para ouvir isso?

A primeira coisa que fizemos ao voltar para Blumenau foi procurar a melhor neuropediatra da cidade. Ela pediu um eletroencefalograma e avisou que, dependendo do resultado, meu filho teria que passar também por uma tomografia. Felizmente, não foi necessário.

Ao abrir o envelope do eletro, a médica balançou a cabeça e disse sem papas na língua: "Ele tem paralisia cerebral." Até hoje me dói lembrar desse dia. Prefiro nem repetir o resto da conversa.

Apoiei-me na minha fé e segui em frente. Não me iludi. Sabia que ele poderia ter uma vida mais limitada, que seria dependente de mim para muitas funções, que teria dificuldades motoras e que enfrentaria muitos desafios na escola. Contudo, escolhi confiar no meu amor e na minha capacidade de cuidar dele.

> "Vulnerabilidade é ter a coragem de aparecer quando você não pode controlar o resultado."
>
> **Brené Brown**, pesquisadora[9]

Também tive ao meu lado pessoas muito especiais. Minha sogra preencheu o papel da minha mãe por muito tempo. Zita, minha madrasta, enviou os exames do meu filho para o melhor centro de reabilitação do país, o Sarah Kubitschek, em Brasília. Logo na primeira consulta, o susto: "Ele é Matheus Loch Mallmann?", perguntou a médica, segurando com uma mão os exames e apontando com a outra para o meu filho, que corria de lá para cá. "Porque eu esperava outro menino", completou, após ouvir a nossa confirmação. Pelos exames, a especialista esperava outra criança — mais debilitada, na cadeira de rodas, com problemas de fala e de locomoção. O tamanho da lesão não condizia com a vitalidade que Matheus apresentava. "Há crianças com lesão do tamanho de uma ervilha que não falam nem andam", explicou-me a médica. O caso dele foi estudado, e a conclusão dos especialistas foi de que houve uma compensação celular.

Quer saber a minha opinião?

Milagre de Deus.

Diante do diagnóstico, Matheus recebeu um tratamento especial — mas nem tanto. Nada de fisioterapia, nada de redoma de vidro. O principal conselho dado pela competente equipe do Sarah foi: vida normal. "Tratem-no como uma criança 100% saudável", recomendaram. E foi exatamente o que todos nós fizemos. A família toda abraçou a causa.

Os estímulos que meu filho precisa são, até hoje, retirados dos esportes, como qualquer outra criança, ainda que ele tenha que fazer um esforço redobrado. Desde pequeno, ele foi matriculado em uma escola normal, com uma pedagogia mais alternativa. "Pena" ou "dó" são palavras que não constam no nosso vocabulário, o que fez com que ele mesmo não se assustasse, ao longo do seu desenvolvimento, com os desafios da vida.

Certa vez, Matheus me pediu para reforçar o treinamento de corrida. Eu nem imaginava que, por trás daquela vontade, estavam comentários dos colegas de que ele era "café com leite". Foi a professora quem me revelou o ocorrido. Com a hora extra na pista, ele melhorou sua performance e calou a boca de todo mundo.

Enquanto meu filho decolava, minha carreira permanecia estável e meu casamento despencava. Tornamo-nos incompatíveis: pensávamos e nos comportávamos de forma diferente em tudo. Tentamos reanimar o casamento durante três anos, inclusive com terapia de casal e tudo mais que pudesse ajudar, mas não deu (ou deu, de certa forma. Quem pode dizer que o destino não se cumpriu, não é?).

Quando ele pediu a separação, eu me mudei, junto com Matheus, para a casa do meu pai, que prontamente me acolheu, em São José, também em Santa Catarina. Nesse período, eu voltei a me aproximar do Movimento dos Focolares[10], uma mobilização cristã criada durante a Segunda Guerra Mundial pela italiana Chiara Lubich e hoje presente em cerca de 180 países. Ali eu encontrei o suporte espiritual de que precisava — em especial, na *focolarina* Ana Fátima. Ainda hoje frequento esse grupo, colaborando ativamente para várias de suas ações. Chiara[11], aliás, faleceu em 2008, e o processo de beatificação está em curso.

Naquele momento da minha vida, decidi abrir mão dos meus sonhos e da minha carreira. Preferi focar a adaptação do meu filho, então com 4 anos. A mudança era ainda mais brusca para ele, que perdia o contato diário com o pai, os amigos da escolinha, a casa e a cidade onde nasceu. Isso não significa que esse recomeço tenha sido fácil para mim.

Hoje acho até engraçado, mas aos 15 anos, veja só, imaginava-me mãe e independente. O casamento não estava implícito na equação. Ainda assim, ao viver a separação, senti na boca um gosto amargo de fracasso. Queria um final diferente daquele que meus pais tiveram. Queria a segurança de um pai encantado na vida do meu filho. Queria equilibrar tudo: carreira, família, sonhos.

"E agora?", repeti para mim. "Como é que vai ser?"

O medo do desconhecido é provavelmente um dos sentimentos mais comuns da humanidade. Homens e mulheres sentem esse frio na barriga. Congelam, mesmo que por alguns minutos, diante do peso da incerteza, do pavor da incapacidade, do pânico do fracasso. Tem quem decida avançar com medo mesmo; tem quem prefira se encolher, esquecendo-se dos desafios superados desde o início da vida.

Pense bem: nada é mais desconhecido que a vida fora da barriga da mãe. Ainda assim, seguimos em frente, aprendemos a falar, enfrentamos a escola, o primeiro amor, o vestibular… Será que vale a pena mesmo desistir? Faz sentido?

> "Você nasceu com um poder inato para criar mudanças, tanto em sua vida, quanto na vida de outras pessoas. Esse poder não existe fora de você e não é algo que você possa comprar ou tomar emprestado. Você já tem dentro de você agora."

Marie Forleo, Life coach[12]

Depois de me mudar para São José, fiquei alguns meses sem trabalhar. Com o tempo, comecei a me envolver em um seminário do Empretec por mês. O restante do tempo, eu ficava com o meu filho, que precisava muito da minha ajuda para se adaptar à vida nova. O pai dele aparecia quando podia. A ausência, às vezes, era longa — ainda mais, para uma criança de 4, 5 anos.

Em um primeiro momento, meu primeiro marido propôs uma guarda compartilhada, sem pagamento de pensão. Matheus ficava uma semana com cada um. Não funcionou muito bem. O competente psicoterapeuta do meu filho nos alertou de que ele precisava de mais rotina. Tive, então, que me impor e recebi o apoio da família e de amigos para tanto.

Somente quando percebi que meu filho estava mais adaptado à nova vida, é que senti segurança para acelerar, ainda que de leve, a carreira. Nas duas semanas que Matheus passava com o pai, eu trabalhava; nas demais, eu me dedicava a ele e nada mais.

Foi nessa fase que Nilmar Paul, com quem já tinha trabalhado anteriormente, me convidou a montar um treinamento para uma equipe de vendedores de uma multinacional. A ideia era injetar a paixão e a agilidade empreendedora naquele time. O diretor de marketing da empresa ficou tão empolgado com o resultado, que logo nos fez a proposta para ministrar o workshop em outros estados onde operavam.

Em 2012, Luciano, Nilmar e eu decidimos abrir a Clarius. Não posso deixar de mencionar que meus sócios foram supercompreensivos, respeitando a minha escolha de me dedicar a meu filho sempre que precisava — mesmo com toda a tensão que uma nova empresa traz. Começar um negócio é parir outro filho. Haja insegurança, incerteza e ralação!

O pacote todo me gerava várias dúvidas e medos, todos abafados. E digo mais: a culpa juntou-se ao time. Afinal, era tão bom voltar ao campo. E a educação e os cuidados do meu filho? E a atenção de que ele precisava, ainda mais sendo eu, em boa parte do tempo, pai e mãe? Eu me sentia culpada por ser feliz na minha profissão. Pode isso?

Só insisti em aprender a equilibrar os pratinhos por causa do sentimento de realização ao final de cada seminário, de cada trabalho, de cada entrega. Ainda assim, tentava não pensar muito nos meus sonhos. A Adriana mulher era completamente anulada pela mãe e profissional. Eu não fazia planos de me relacionar novamente. Já havia casado, tinha um filho, uma empresa, para que mais?

Até que, durante um Congresso de Economia de Comunhão em São Paulo, conheci alguém que me fez mudar de ideia. Maurício era um homem que não imaginava que pudesse existir. Após meses de amizade, começamos a namorar. Foi um sonho!

Permanecemos juntos por mais de um ano e, quando rompemos, descobri que ele tinha deixado um legado muito importante: o despertar para o relacionamento amoroso. Eu já tinha minha família (meu filho, meu pai e minha irmã), mas tinha também uma vontade e um espaço guardado para alguém especial. Maurício também foi um exímio incentivador do programa para mulheres. Muniu-me de artigos e livros, além de ter me ajudado na escolha do nome: Mulheres Equilibristas.

> "Não seria melhor um outro modo de pensar e viver essa conquista do direito ao sonho? Ou da meta sonhada e ansiosamente perseguida? Mesmo que os motivos de abandonar o sonho e perseguição do sonho tenham sido tantos e tão intensos que só a velha palavra teimosia explique tanta insistência? Prefiro arquivar a teimosia. Prefiro fé. Fé no sonho."
>
> **Elis Regina**, cantora[13]

Quando Luciano compartilhou comigo aquele vídeo de Sheryl Sandberg, mergulhei, então, em um período de incubação. Fui à livraria e comprei os poucos títulos que encontrei sobre protagonismo e liderança feminina. Pesquisei artigos que me enviaram e os que encontrei, além de palestras e tudo mais que achei. Maurício já estudava o universo feminino e me muniu de materiais muito importantes. Deparei-me com números aterrorizantes, com perspectivas instigantes, com mulheres corajosas. As perguntas se enfileiravam em minha mente.

Quem são essas vozes?

Onde estão essas mulheres?

Será que essa revolução só está acontecendo fora do Brasil?

É impressionante o poder de um lápis e de um pedaço de papel. Comecei listando perguntas e logo passei para nomes de mulheres que considerava bem-sucedidas. Elas não estavam somente nas capas de revistas. Eram mulheres do meu convívio e da minha comunidade, que conseguiam conciliar carreira, família e sonhos. Eram mulheres que faziam jus ao termo "bem-sucedidas".

Tornei-me, então, uma investigadora. Com um gravador e a tal lista de perguntas, marquei um encontro com cada uma delas. Não vou mentir: eu queria encontrar uma receita para o sucesso.

Como elas conseguiam dar atenção a tudo?

Que sacrifícios fizeram?

Que culpas carregavam?

O que acontece ao "chegar lá"?

Nesse processo todo, a intuição foi a minha guia. A empatia, o meu mantra. Desafoguei meu coração de tantas dúvidas e culpas. Testei em desconhecidas, com quem esbarrava em salas de embarque, as teorias que criava, com base nos pontos em comum que encontrava nos testemunhos de mulheres tão diferentes.

Muitas dessas descobertas foram acompanhadas de perto por Luciano, meu sócio, e por Maurício, então meu namorado. Foram eles que mais me incentivaram a tornar isso público.

> "Onde quer que você esteja, busque compreender onde você pode ser uma agente de mudanças no que te incomoda."
>
> **Sofia Esteves**, Presidente do Conselho do Grupo Cia de Talentos[14]

Naquele dia 21 de março de 2012, eu apresentei, em primeira mão, para 40 mulheres e 2 homens (Luciano e Maurício, claro), o resultado da minha investigação. E essa era a razão do meu nervosismo.

As notícias que chegavam sobre a chuva só me deixavam mais acesa. Alguns pontos da cidade estavam sem luz. A ponte que liga Florianópolis ao continente chegou a ser interditada. Um verdadeiro caos, dentro e fora de mim!

E se elas não aparecessem?

E se elas não sentissem o mesmo que eu?

E se tiver idealizado o que descobri?

E se for um fracasso?

Aos poucos, a plateia foi se formando. Comecei a reconhecer alguns rostos — mulheres que eu mesma havia convidado porque confiava em seu senso crítico. Duas das entrevistadas também compareceram, curiosas para conhecer o fruto da sabatina a que foram submetidas. Vieram de Blumenau especialmente para a palestra.

Quando o slide final apareceu no telão do auditório da Associação Comercial e Industrial de Florianópolis (ACIF), da qual era diretora de Capacitação Empresarial, senti um alívio e uma alegria. Eu tinha superado minha ansiedade e meu medo. Vi, bem diante de mim, muitas mãos levantadas. Mulheres solteiras, casadas, separadas, com diferentes sonhos, experiências e aspirações, queriam debater sobre aquele conteúdo.

> "Exercemos poder através das comunidades que criamos."
>
> **Melinda Gates**, copresidente da Fundação Bill & Melinda Gates[15]

Naquele dia fatídico de 2012, eu entendi que o que tinha em mãos era bem maior do que havia imaginado. O projeto nasceu da curiosidade de uma mãe, mas extrapolava a minha pessoa. Tomou, inicialmente, a forma de uma palestra, mas brotou como algo muito mais significativo e impactante.

O Mulheres Equilibristas tornou-se um laboratório de escuta e transformação — do próprio laboratório, das mulheres que participam dele e de mim mesma. Ainda que, por poucas horas ou um dia inteiro, salas de reunião e auditórios tornam-se tubos de ensaio, onde as participantes se colocam diante de uma experiência intensa, em que as suas identidades e histórias servem como reagentes de uma reação química com potencial de transformação único.

> "Códigos são quebrados não por indivíduos solitários, mas por grupos de pessoas que trocam pedaços de coisas que aprenderam e notaram e colecionaram, pequenos pedaços brilhantes de números e outros itens úteis que eles armazenaram em suas cabeças como pegas, coisas que lembram enquanto olham sobre os ombros uns dos outros, apontando padrões que acabam sendo a chave que desbloqueia o código."
>
> **Liza Mundy**, jornalista[16]

O que trago para estas páginas é um pouco do que vi e do que vivi dentro desse espaço nos últimos oito anos. Por esse laboratório passaram cerca de 10 mil mulheres de norte a sul do Brasil, além de uma experiência no México. Algumas mensagens podem ecoar mais em mães, já que foi assim que esse trabalho começou.

No entanto, esta é uma obra que nasce de uma reflexão e de um compartilhamento coletivo, de mulheres muito parecidas e, ao mesmo tempo, muito diferentes de mim. Descobri que, quando nos despimos dos estereótipos e títulos sociais, conseguimos reconhecer que estamos todas conectadas, ainda que com desafios próprios, em uma grande irmandade sem fronteiras.

Faço, enfim, mais um aviso à querida leitora:

A leitura pode provocar combustão (ou até mais de uma!).

Essa liberação de energia é necessária para despertar um processo de cura e transformação, desenvolvimento e movimento individual e coletivo. Esse desequilíbrio pode ser incômodo, mas é temporário.

Se preciso, segure a mão da irmã que está bem ao seu lado.

Eu já estou segurando a outra.

02

Vamos Conversar sobre Carreira?

Poucas brasileiras conhecem a história que vou contar agora. Engana-se quem pensa que as catarinenses são todas loiras de olhos azuis. É verdade que os imigrantes italianos, alemães e portugueses foram fundamentais para o desenvolvimento desse estado e influenciaram os traços físicos de boa parte dos habitantes desta região. No entanto, uma das filhas mais pródigas dessa terra é uma mulher negra, filha de uma lavadeira com um jardineiro.

Se você ainda não sabe de quem estou falando, é uma honra poder apresentá-la à Antonieta de Barros, a primeira parlamentar negra do Brasil, eleita para a Assembleia catarinense em 1934, dois anos após as mulheres conquistarem o direito de voto no país. Exímia professora de Português e Literatura, ela dedicou trinta anos de sua vida à alfabetização. Além de fundar uma escola para a população carente, também criou o jornal *A Semana*, onde expôs com veemência suas opiniões.

A vida dela não foi fácil. Filha de uma escrava liberta, Antonieta perdeu o pai ainda na primeira infância. Para complementar a renda, a mãe, Catarina, abriu as portas da casa para estudantes[1]. E foi com eles que a menina descobriu o universo das letras, primeiro passo para escrever seu nome na história deste país. Como? Lutando pelo que acreditava: o direito de acesso à educação e à igualdade de gènero.

Na década de 1920, Antonieta concluiu o curso normal e se tornou professora em várias escolas. Transformou também a própria casa em sala de aula. "Educar é ensinar os outros a viver; é iluminar caminhos alheios; é amparar debilitados, transformando-os em fortes; é mostrar as veredas, apontar as escaladas, possibilitando avançar, sem muletas e sem tropeços; é transportar às almas que o Senhor nos confiar, a força insuperável da Fé", disse ela em um de seus discursos[2] mais conhecidos.

Essas ideias eram muito progressistas e revolucionárias — tanto para a época, quanto para uma mulher. Ainda assim, ela não se calou: passou a disseminar, em artigos e ensaios, sua opinião e visão de mundo. Além do jornal que fundou, escreveu textos para outros periódicos, como *Vida Ilhoa, O Idealista, O Estado* e *República*. Deste último, dirigido por Nereu Ramos, saíram as crônicas que compuseram seu primeiro e único livro, *Farrapos de ideias*, publicado sob o pseudônimo de Maria da Ilha[3].

Para tentar entender o que Antonieta passou, vale lembrar que a história dessa heroína brasileira não tem, até hoje, o destaque merecido nos livros de História. Graças ao movimento negro e feminista, temos resgatado a força dela e de outras mulheres que ousaram desafiar o status quo para melhorar o mundo.

Este lindo país em que vivemos foi descoberto, como se sabe, em 1500. Durante mais de trezentos anos, as mulheres tiveram seus direitos subtraídos. Eram consideradas uma subclasse da sociedade. Foi Dom Pedro I quem permitiu o acesso das meninas à escola elementar, por volta de 1827, cinco anos após a declaração de Independência[4]. A permissão para frequentar as instituições de ensino superior demorou mais meio século — sim, permissão, pois o estudo, até então, não era um direito das mulheres.

As pioneiras a cruzarem os portões das faculdades tiveram que lidar com aquele olhar torto, quando não emburrado, não só de colegas e professores, mas também de familiares, vizinhos e amigos. Os inconformados com esse atrevimento tiveram que morder a língua, porque o tal do "sexo frágil" não arredou o pé do direito de ter uma carreira. Nem as caras feias, nem as muralhas erguidas no caminho foram capazes de ceifar o desejo e a determinação das mulheres. Retardar, talvez; brecar, jamais.

Assim, começaram a surgir médicas, maestrinas, jornalistas, poetas prefeitas, ativistas, advogadas... Elas foram desbravando o caminho para um exército silencioso e indomável, que começou a ocupar espaços inimagináveis até então.

> "Se a sua filha tem o sonho de ser treinadora de futebol na NFL [liga americana de futebol americano]... ou bailarina... ou jogadora de futebol... ou uma professora... ou uma enfermeira... ou uma médica... ou uma astronauta... ou até mesmo presidente.... só deixe que ela saiba disso... Ela. Pode.
> E ela mudará o mundo."

Katie Sowers, assistente técnica do San Francisco 49ers[5]

O ano de 1991 foi um marco na história da emancipação feminina brasileira. De acordo com a pesquisadora e professora Hildete Pereira de Melo, uma das coordenadoras do Núcleo de Pesquisa em Gênero e Economia (NPGE) da Faculdade de Economia da Universidade Federal Fluminense (UFF), esse foi o ano em que o tempo de estudo das mulheres passou a ser maior que o dos homens. "Embora não tenha construído a igualdade, a gente conseguiu realmente uma vitória. Não houve política pública que facilitasse isso. Foram decisões pessoais das mulheres", afirmou a pesquisadora, que ressaltou ainda que, no Censo de 1900, a maioria das mulheres era analfabeta[6].

Hoje nós somos mais da metade dos 210 milhões de habitantes do Brasil e continuamos galgando espaços. Somos a maioria nas universidades e temos aumentado vertiginosamente a presença no mercado de trabalho, nas mais diferentes posições. Temos autonomia para pensar e mais independência para fazer escolhas e tomar decisões.

Por isso, quero lhe fazer um convite especial: revisite a sua árvore genealógica. Recorde a história da sua mãe, da sua tia, da sua avó, da sua bisavó, de toda a sua ancestralidade, o mais longe que conseguir ir. Sinta a força que corre em suas veias.

Percebe a importância de onde você está agora?

De quem você é hoje?

Da oportunidade que tem em mãos?

Não pense que, ao propor esse exercício, eu estou romantizando a vida e fechando os olhos para todos os desafios que precisamos enfrentar, todas as injustiças que precisamos reverter, todos os muros que ainda precisamos derrubar, toda violência a que somos submetidas. Por uma série de motivos, inclusive históricos e estruturais, ainda há muito a ser vencido.

- As mulheres recebem o equivalente a 79% dos salários dos homens (Fonte: IBGE[7]).
- A jornada semanal das mulheres dura, em média, 3 horas a mais do que a dos homens (Fonte: IBGE[8]).

- Apenas 13% das empresas brasileiras têm uma mulher como presidente (Fonte: Grupo Talenses).
- Uma a cada cinco mulheres sofre assédio sexual no trabalho[9], sem contar os índices crescentes de violência doméstica[10] e feminicídio[11].
- A igualdade no trabalho deve demorar dois séculos (Fonte: Fórum Econômico Mundial[12]).

Afirmo: essa breve fotografia não é só injusta, mas também uma estupidez. De acordo com estudo do Banco Interamericano[13] (BID), a igualdade de gênero no mercado de trabalho da América Latina poderia elevar o Produto Interno Bruto (PIB) da região em mais de 15%. Em outras palavras, a economia também ganha quando nós, mulheres, ocupamos nossos espaços, executamos nossas funções e recebemos o que merecemos por isso.

O que eu aprendi com as mulheres equilibristas é que, para honrar nossas ancestrais e nossos sonhos, precisamos romper alguns preconceitos que, muitas vezes, nem sabemos que carregamos. Ao fazer isso, nós temos mais força para derrubar os muros, inspiramos mais mulheres e melhoramos a sociedade.

> "Eu sei o quanto é difícil mudar padrões porque também vivo essa desconstrução, já que, também influenciada em minha trajetória profissional, muitas vezes me vejo agindo de maneira mais dominante, com foco no racional. Nessas horas, colocar as fragilidades, medos e dificuldades na mesa e reconhecê-las,

ao invés de ignorar sua existência, é mais um passo no desenvolvimento pessoal que pode gerar vantagens competitivas no mundo empresarial."

Maria Teresa Fornea, presidente da fintech Bcredi[14]

E é disso que vamos falar agora.

EU SOU AMBICIOSA

Você tem coragem de admitir isso?

Bem alto?

Para todo mundo ouvir?

Muitas mulheres não têm. Elas não admitem nem para si mesmas que gostariam de ir além. Sheryl Sandberg, do Facebook, comenta, em *Faça acontecer*, que há um "abismo na ambição de liderança" entre homens e mulheres, o que também influencia negativamente no aumento da presença feminina no topo das organizações. Ela citou vários estudos e pesquisas em seu livro para mostrar que, ao longo da vida, nós perdemos fôlego, esmorecemos diante dos desafios e desistimos dos nossos sonhos. Não recebemos os mesmos incentivos, elogios e reconhecimentos que os homens — nem da sociedade, nem de nós mesmas.

"A ambição profissional é algo esperado para os homens, mas opcional — ou, pior, às vezes até algo negativo — para as mulheres. *'Ela é muito ambiciosa'* não é um elogio em nossa cultura. Mulheres agressivas e que jogam duro transgridem regras tácitas da conduta social aceitável. Os homens são constantemente aplaudidos por serem ambiciosos, poderosos, bem-sucedidos, ao passo que as mulheres com as mesmas características costumam pagar um preço social por isso. As realizações femininas custam caro", comentou Sheryl[15].

Pois esse é o primeiro preconceito que quero substituir com essa nossa conversa. Você precisa saber que ambição é muito diferente de ganância. A **AMBIÇÃO** é uma energia positiva, um desejo incontrolável de fazer mais, um impulso tão poderoso que desbloqueia nosso potencial e nos leva a lugares que nem imaginávamos que fossem possíveis. É colocar a serviço da sociedade os talentos que nos foram doados e as competências que desenvolvemos. É algo que deve ser cultivado, reconhecido e incentivado.

É bem diferente da ganância, que cega as pessoas com a ânsia de ganhar ou lucrar cada vez mais e a qualquer custo. A ganância é tão mesquinha que lança mão até de meios ilícitos para vencer. Um caminho que, na minha opinião, não vale a pena ser percorrido.

As mulheres equilibristas se realizam na carreira porque sonham alto, almejam chegar ao topo e trabalham duro para alcançar o que sempre sonharam. O que as move não é o jogo pelo poder, pelo status, pelo dinheiro ou pelo cargo. Elas querem realizar e se sentirem realizadas.

No entanto, há um detalhe muito importante a ser comentado sobre ambição. O que eu aprendi ao longo de todos esses anos é que esse topo pode ser diferente de uma mulher para outra. Ele é democrático, pois respeita os desejos, a realidade e a identidade de cada uma.

> "Sempre mire alto, trabalhe duro e se preocupe profundamente com o que você acredita. E quando tropeçar, mantenha a fé. E quando for derrubada, volte imediatamente e nunca ouça ninguém que diga que você não pode ou não deve continuar."

Hillary Clinton, política[16]

Uma das histórias que tive a chance de escutar, completamente por acaso, ocorreu há alguns anos em Blumenau. Durante uma de minhas passagens pela cidade, justamente para proferir uma palestra sobre o tema na Associação das Micro e Pequenas Empresas (AMPE), aproveitei um intervalo entre as reuniões para fazer as unhas no Shopping Neumarkt. Conversa vai, conversa vem, e descobri que a mulher à minha frente cresceu em um orfanato. Os pais morreram quando ainda era criança e, infelizmente, ela nunca foi adotada. Esperou anos para romper os muros daquela instituição e, enfim, descobrir como era o mundo.

Isso só aconteceu ao completar 18 anos, quando um homem, compadecido com a sua história, a pediu em casamento. Eles não viveram uma história de amor, mas ele concedeu à noiva o que ela mais queria: a sua liberdade. Decidido a tornar aquele momento inesquecível, ele a levou a um salão de cabeleireiro. Tudo naquele ambiente era novo para ela. Ninguém nunca tinha arrumado o seu cabelo, tampouco feito suas unhas. Ao final, ao olhar para as próprias mãos, a noiva disse que não se reconheceu. "Eu estou transformada", repetiu várias e várias vezes. "Eu me sinto como outra mulher. Eu *sou* outra mulher."

Naquele momento, ela descobriu a sua ambição. "Vou transformar a vida de outras mulheres como manicure." Ela aprendeu o ofício e se dedicou tanto que logo foi contratada por um dos salões mais prestigiados da cidade. Esse era o seu topo.

Quando Hillary, Sheryl e outras mulheres poderosas fazem o convite para "mirarmos alto", o que elas querem dizer é: saiba aonde você quer chegar. "Tudo na vida começa com um sonho. Mas primeiro o sonho precisa ser claramente definido e, o mais importante, você precisa entender por que quer aquilo", escreveu a supermodelo Gisele Bündchen no livro *Aprendizados*[17]. É difícil dissociar a mulher do ícone que ela se tornou. É difícil imaginá-la como uma menina magricela de uma cidade com apenas 17 mil habitantes do interior do Rio Grande do Sul. No entanto, na biografia lançada em 2018, Gisele revela os bastidores da sua história — a adolescente que deixou a casa dos pais aos 14 anos para ser julgada por estilistas, fotógrafos e editores, que mediam, sem meias-palavras, o tamanho dos seus seios e do seu nariz. Ela falou sobre toda a saudade, solidão, mesquinhez e desafios escondidos por trás do glamour da profissão que precocemente escolheu. "Por 23 anos, fui aluna na escola da moda, e uma das primeiras coisas que descobri foi como ela podia ser superficial."

O que tornou a menina de Horizontina uma das mulheres mais admiradas do mundo inteiro foi a sua capacidade de mirar alto, sem perder a sua identidade. "Aos 14, aos 20 e aos 27 anos, eu nunca disse para mim mesma: *'Meu objetivo é ser uma modelo famosa.'* Em vez disso, minha ênfase era em *ser a melhor que podia ser no que faço, o que significa dar o meu melhor*", explicou Gisele, que reforçou que o seu foco nunca foi ser melhor que outras pessoas, mas a melhor versão de si mesma. "Pela minha experiência, definir claramente o que você quer lhe dá direcionamento e desperta a chama interior que traz motivação."

Repare que essa clareza ou esse querer foi o que fez Antonieta derrubar tantos muros. Ela foi descrita pela irmã Leonor como "uma operária de si mesma"[18]. Ciente do seu propósito, ela simplesmente se entregou ao seu topo, se transformou e transformou o mundo bem além do que provavelmente imaginou. Afinal, serviu como um farol de luz e uma inspiração não só para quem conviveu com ela, mas também para as gerações seguintes.

Isso, aliás, me faz lembrar da americana Ava DuVernay, a primeira negra a receber o prêmio de melhor diretora no prestigiado Festival Sundance de Cinema, por *Middle of Nowhere*. O filme independente, que conta a história de uma estudante de medicina à espera do marido preso[19], foi o ponto de virada na sua carreira, pois deixou os bastidores para investir, com ou sem a ajuda dos grandes estúdios, em narrativas que tocavam o seu coração.

Talvez você a conheça mais por outro trabalho: *Selma: Uma luta pela igualdade*, que resgata as marchas lideradas por Martin Luther King, na década de 1960, pelos direitos eleitorais dos negros nos Estados Unidos. Com esse filme, lançado em 2015, ela derrubou mais um muro: tornou-se a primeira diretora negra a receber uma indicação ao Globo de Ouro[20]. No ano seguinte, percorreu, não como convidada, mas como indicada, o tapete vermelho do Oscar, pelo documentário *A 13ª Emenda*, que também versa sobre justiça social.

Em 2 de novembro de 2016, Ava DuVernay publicou uma foto no seu Instagram[21] pouco antes de dar mais um passo importante na sua carreira. Ela estava prestes a iniciar a filmagem de *Uma dobra no tempo*, o filme da Disney que fez dela a primeira mulher negra a dirigir um longa com orçamento superior a US$100 milhões. No dia em que postou a foto, Ava vestia uma camiseta com a seguinte inscrição: *"I am my ancestors' wildest dreams"*. Em tradução literal, essa frase pode ser entendida como "Eu sou o sonho mais selvagem dos meus ancestrais".

Pare um pouco para refletir sobre isso. Repare na profundidade dessa frase. Não é de arrepiar?

É por isso que, repito, a ambição das mulheres equilibristas é a realização. Esse desejo altruísta faz com que elas transformem o seu entorno. Essa ousadia faz com que elas assumam riscos calculados. Tudo bem começar do zero, tudo bem começar de baixo, tudo é temporário. Um passo pequeno é também um passo a mais até o seu objetivo.

O segredo das mulheres equilibristas é confiar na própria capacidade para se desenvolver, crescer e se realizar. É assim que elas desbloqueiam o seu potencial e descobrem tudo que podem criar.

Ao ouvir suas histórias e experiências, fui capaz de (re)descobrir a minha trajetória e (re)conhecer a minha própria ambição. Foi ela, a minha ambição, que me fez sair a campo para descobrir como equilibrar minha carreira, família e sonhos. Foi ela que me fez enxergar que eu não podia guardar essas histórias para mim. Foi ela que me fez entender que eu tinha que correr o risco de me expor para que a minha voz fosse ouvida, e o seu alcance ampliado.

Mirar alto, como diz Sheryl, não é só uma expressão que repito nas palestras. Eu a adotei para a minha vida. Já não tenho mais vergonha de dizer:

eu sou ambiciosa. Calar essa ambição é calar a minha voz, é borrar os meus sonhos, é me desviar do meu propósito.

Já parou para pensar, como provoca a COO do Facebook, o que você faria se não tivesse medo? Pense bem. Talvez decidíssemos não seguir em frente, pois as conquistas não teriam tanta graça assim. Porque, amigas, é fato: quanto mais próximas estamos do medo, mais fortes ficam as batidas do coração, mais frio na barriga sentimos, mais garra desenvolvemos, mais realização conquistamos. É impossível, acredite, não seguir em frente. É por isso que vale a pena acreditar nas seguintes frases:

EU SOU CAPAZ.
EU MEREÇO.

> "Todas as revoluções que eu desejo começam em mim."
>
> **Ryane Leão**, poeta[22]

Em 1996, a economista Linda Babcock gerenciava um programa da prestigiada Universidade Carnegie Mellon quando foi surpreendida por uma reclamação de que priorizava homens na concessão de bolsas para cursos e conferências, além de subsídios para impressão de cartões de visita. Foi somente naquele momento que ela percebeu que as mulheres não batiam à sua porta para pedir ajuda ou orientação. "Como eu podia saber que elas queriam as mesmas coisas?", disse a acadêmica em entrevista à revista Exame[23].

Para Linda, essa descoberta foi o estopim para uma série de estudos que misturam Economia e Psicologia, base de quase duas dezenas de artigos e três livros sobre o comportamento feminino[24]. Por meio de seis pesquisas diferentes, ela descobriu que o que acontecia dentro do seu departamento era um retrato fiel do que ocorre no mercado de trabalho. As mulheres são menos propensas a dizer e a pedir o que querem. A variação de comportamento com os homens é discrepante — de duas a nove vezes menos. Em um dos estudos, com alunos que tinham acabado de se formar e receberam a primeira oferta de emprego, 93% das mulheres aceitaram as propostas sem negociar o que lhes foi oferecido, algo que apenas 43% dos homens fizeram[25].

Para a economista, esse resultado sofre influência de uma série de fatores. Ela não menospreza o peso da discriminação ou da criação tão diferente dos homens. No entanto, alerta: "As mulheres se dão pior nas negociações porque têm metas mais baixas. Quando elas finalmente pedem, pedem menos que os homens. Fizemos estudos de laboratório com cerca de 200 estudantes de MBA. As mulheres pediram, em média, 15% menos, com resultados 25% menores", disse a especialista à revista[26].

> "A mulher quer estar 100% pronta para buscar uma oportunidade. O homem não é assim."
>
> **Tania Cosentino**, presidente da Microsoft Brasil[27]

Essa falta de confiança e de ousadia, o que também pode ser lido como um excesso de cuidado, costuma gerar muita discussão. As mulheres equilibristas reconhecem que o salto na carreira ocorreu somente quando decidiram apostar na sua capacidade de realizar e de correr riscos. "Não é aos saltos que se sobe uma montanha, mas a passos lentos", já dizia São Gregório Magno. A direção é mais importante que a velocidade.

Para mulheres ansiosas como eu e tantas outras, isso é algo a ser administrado todo santo dia. Não vou mentir: é um desafio e tanto! Abrir mão de algo que parece vir "de fábrica" é um exercício eterno, para sempre. Por isso, preste bastante atenção ao que vou dizer: as mulheres equilibristas sabem que precisam deixar para trás uma autocobrança exagerada e muito comum no universo feminino: a da perfeição.

Será que você já sentiu isso?

Quando aquela oportunidade surge na sua frente, em vez de abocanhá-la, você começa a listar as suas fraquezas em vez de apostar nos seus pontos fortes?

Esse é só o convite para um festival de desculpas: "eu não me dediquei o suficiente; não sou uma especialista no assunto; o resultado poderia ter sido melhor; e se as minhas ideias e soluções não forem tão boas assim?"

Quem nunca?

Eu mesma já passei por isso diversas vezes. Quando fui Diretora de Capacitação Empresarial na Acif, via-me em reuniões com 23 pessoas, das quais apenas 6 eram mulheres. E essas seis eram feras! Como gostava de me reunir com elas! Eram produtivas, pontuais e enriquecedoras. Os comentários e preocupações sempre superavam a pauta, colocando em discussão o bem comum. Nessas horas, via-me dividida entre dois sentimentos: gratidão por integrar aquele grupo e medo de não corresponder.

A minha primeira fala como diretora, inclusive, foi um fiasco. Eu me sabotei, deixei que o medo me dominasse e anulasse tudo o que tinha para dizer. Em vez de abordar os desafios, as metas e a visão de futuro que queria cumprir ao longo da minha gestão, só mencionei como estava feliz de estar ali, diante de pessoas tão bem-sucedidas, cultas e altruístas. Quando o meu tempo de fala acabou, deixei o microfone com aquele gosto de fracasso na boca, porque sabia que tinha me apequenado, não tinha dado o meu melhor. Eu merecia mais. Era capaz de mais.

Esse comportamento sabotador ocorreu em outras ocasiões — inclusive, dentro da minha própria empresa. Perdi as contas de quantas vezes doei meu tempo para os demais sócios durante uma reunião, porque julguei que os meus temas e projetos não eram tão importantes quanto os deles. Adivinhe o que me acontecia ao final? Sim, sim, surgia aquele gostinho de fel na boca e um arrependimento tremendo.

De acordo com Sheryl Sandberg, esse é um comportamento comum das mulheres. Nós conquistamos o direito de estar presentes nas decisões e, inconscientemente, nos eximimos da responsabilidade. Como?

Deixando de ocupar os nossos lugares à mesa — seja nos calando ou nos acomodando mais atrás, desmerecendo, sem perceber, a nossa própria importância. "Expor o próprio sucesso é fundamental para ter mais sucesso. Para obter um avanço profissional, é preciso que as pessoas acreditem que o profissional está contribuindo para os bons resultados", ressalta a COO do Facebook em seu livro. Ela confessou que viveu esse dilema em diversas situações — inclusive, quando recebeu a proposta para trabalhar para Mark Zuckerberg. "Peça a um homem para explicar seu sucesso e, normalmente, ele o atribuirá às próprias capacidades e qualidades inatas. Faça a mesma pergunta a uma mulher, e ela atribuirá seu sucesso a fatores externos, insistindo que se saiu bem porque 'realmente me esforcei muito', 'tive sorte' ou 'recebi ajuda de outras pessoas'. Os homens e as mulheres também dão explicações diferentes para o fracasso", explica.

> "Hoje em dia, crianças mais jovens chamam isso de Síndrome de Impostor. Sentem que não se encaixam ali, não pertencem. Eu tive de trabalhar duro para superar aquela pergunta que (ainda) faço a mim mesma: 'eu sou boa

o suficiente?' É uma pergunta que me persegue por grande parte da minha vida. Estou à altura disso tudo? Estou à altura de ser a primeira-dama dos Estados Unidos?"

Michelle Obama, advogada[28]

A sugestão de Sheryl para toda e qualquer mulher é: "sente-se à mesa". Se não nos libertamos dessas crenças limitantes, não avançamos na nossa carreira, não quebramos estereótipos, não somos ouvidas.

Aos poucos, bem aos poucos, fui aprendendo a falar. Parei de me repreender e de me reprimir. Eu sabia que não queria me expressar por vaidade. Não era o meu ego "querendo aparecer". Precisava fazer isso em respeito às pessoas que ali estavam, pela comunidade que eu representava e pela minha história. Precisava cuidar da minha **AUTOESTIMA**.

Na Clarius, onde sempre fui a única mulher na diretoria, tive que aprender que eu não era o "elo fraco da corrente", uma crença que eu mesma construí. Era diferente, sim, dos meus sócios, em vários aspectos — e isso sempre foi um ponto forte, não uma fraqueza. É verdade que minhas competências, meu olhar, meu comportamento e meu gênero podiam provocar distanciamento em alguns momentos. Eu tinha Matheus, não podia (nem queria) me afastar por muito tempo de casa, tinha outros interesses e responsabilidades. Em várias oportunidades, a afinidade entre os homens me causou insegurança, o que me fazia agir até com certa agressividade. Se não me sentia inclusa, impunha-me e, obviamente, isso me afastava não só da minha natureza, mas também do time. Foi uma jornada e tanto até descobrir o quanto isso me prejudicava e que eu, além deles, merecia muito mais do que isso. E esse foi o primeiro passo para virar o jogo.

"Você pode estar pensando: quem essa garota do Harry Potter pensa que é? E por que ela está discursando em nome da ONU? Acredite, essa é uma ótima pergunta! Eu me perguntei a mesma coisa e nem sei se sou qualificada para estar aqui. Só sei que eu me importo com essa situação. Quero fazer algo para que isso melhore. E tendo visto o que vi — e ter tido esta oportunidade me sinto no dever de falar algo a respeito. E como disse o estadista inglês Edmund Burke: "Tudo o que o mal precisa para triunfar é que homens e mulheres de bem não façam nada contra ele." E mesmo nos momentos em que duvidei do meu discurso e do direito de estar aqui, fui firme comigo mesma e pensei: se eu não o fizer, quem o fará? E se não for agora, será quando?"

Emma Watson, atriz[29]

Eu acredito que nós, mulheres, não precisamos nem devemos copiar "o jeito de ser" dos homens. Não temos que agir como eles, falar mais grosso, gostar das mesmas piadas, ter os mesmos interesses e, principalmente, sermos agressivas para sermos ouvidas e valorizadas. Impor-se, como sugere Sheryl, é um verbo que demonstra força, mas não exclui a delicadeza — ao contrário, aprendi e ensino a se impor com delicadeza.

Para me expressar corretamente, investi em cursos de oratória e li muito sobre linguagem corporal, por exemplo. Para que você tenha uma ideia, assisti três vezes seguidas ao TED da professora Amy Cuddy, de Harvard, que demonstra como um braço cruzado ou um corpo curvado durante uma reunião pode derrubar ainda mais a nossa performance. Pense bem: se um emoticon em uma conversa por WhatsApp revela muito sobre o estado de espírito de uma pessoa, o que dizer, então, de alguém com o rosto sério, a mandíbula travada e os olhos opacos em uma sala de reunião? Como uma negociação pode avançar dessa forma? Como um bom resultado pode ser atingido?

Para liderar a carreira e a própria vida, é preciso uma postura mais segura, aberta e expansiva. É preciso ocupar, literalmente, o ambiente. Talvez isso não seja natural para você, assim como não foi para mim, mas Amy ensina que uma nova postura e mindset podem ser desenvolvidos. "Quando falo sobre isso com as pessoas, que nosso corpo muda nossa mente, nossa mente pode mudar nosso comportamento e nosso comportamento pode mudar nosso destino, elas dizem: *isso parece falso*. Então eu digo: *finja até conseguir*", explica a pesquisadora[30].

De acordo com ela, é possível até promover uma "reconfiguração do cérebro". Loucura? Mas é isso mesmo! Basta fazer uma pose de Mulher Maravilha, por apenas 2 minutos, antes de encarar um desafio. "Tentem fazer isso no elevador, no banheiro, na sua mesa, com as portas fechadas. Configurem seu cérebro para cooperar ao máximo naquela situação. Levantem o nível de testosterona e abaixem o de cortisol. Não saiam da situação sentindo: *Ah, não mostrei a eles quem sou*. Saiam sentindo: *Ah, eu realmente disse e mostrei a eles quem sou."*[31], sugere a especialista.

Quando mostro esse trecho da apresentação de Amy nas palestras e workshops, as mulheres automaticamente se ajeitam na cadeira. Não nos damos conta de quanto nos encolhemos no dia a dia. Costumo repetir nos laboratórios que as empresas e o mundo precisam do nosso perfume, da nossa leveza, do nosso cuidado e da nossa amorosidade. Uma clara evidência disso é o esgotamento de recursos que o mundo está enfrentando — tanto sob o ponto de vista ambiental, com as mudanças climáticas, quanto do ponto de vista humano, com índices crescentes de *burnout*, depressão e transtornos de ansiedade. Há um movimento em curso para que a cultura hierárquica, direta e autoritária, criada na primeira Revolução Industrial e inspirada nos modelos militares, perca espaço para uma gestão mais inclusiva, mais empática e mais colaborativa, características intuitivas das mulheres, que sempre se sentaram em círculos para executar suas tarefas desde os primórdios da humanidade.

Como Sheryl diz, "ninguém é promovido se não acreditar que merece o sucesso ou se não entender o próprio sucesso". Talvez o que falte para conseguir a tão sonhada promoção seja justamente a conversa franca com o chefe — como, aliás, fez Tania Cosentino. Antes de assumir o comando como presidente da Microsoft Brasil, ela trabalhou em uma multinacional francesa. Quando a vaga de presidente ficou vaga, a então diretora comercial foi até o chefe e pediu para participar do processo seletivo. Ela sabia que nenhuma mulher tinha chegado àquela posição. E mais: nenhum brasileiro tinha ocupado aquela cadeira, sempre preenchida por estrangeiros, normalmente europeus. Só que Tania sabia muito bem qual era o seu topo e decidiu confiar em si.

Se estava 100% preparada? Ninguém está. Nunca. Carregamos nossos bebês durante nove meses na barriga, escutamos relatos sobre o parto, lemos vários livros sobre a maternidade, fazemos pré-natal e, mesmo assim, encontramo-nos completamente despreparadas diante de um indefeso ser humano. O que fez Tania seguir em frente e arriscar foi a confiança no seu potencial e na sua capacidade para ocupar aquela posição e correr atrás das competências que lhe faltavam para enfrentar desafios completamente novos. O resultado? Ela foi promovida e inspirou várias mulheres a correrem atrás dos seus sonhos.

Durante o meu período de investigação sobre as mulheres equilibristas, uma das maiores revelações foi descobrir que elas não negavam sua vulnerabilidade. Elas sentiam medo e até se depreciavam eventualmente. Arrisco dizer que até Sheryl e outras mulheres superpoderosas já sentiram aquele frio paralisante na barriga em vários momentos da vida. É claro que não as conheço intimamente, mas há algo sobre elas que é incontestável: elas são humanas, assim como eu e assim como você.

O medo é uma das emoções que nos acompanham do útero quentinho da mamãe até o final da nossa vida. Não adianta negá-lo ou escondê-lo. É preciso acolhê-lo e transformá-lo em uma informação. O que tanto nos aterroriza, afinal? Esse dado pode ser levado em consideração na tomada de decisão, mas não deve conduzir nossa vida.

> "Não nos esqueçamos nunca de que nós temos o direito à palavra. E que as palavras são o nosso principal instrumento de liberdade. Sempre que dizemos o que sentimos e pensamos, sempre que manifestamos nossos medos e angústias, sempre que

> expomos nossas ideias e verbalizamos os nossos descontentamentos, estamos libertando centenas de outras mulheres junto conosco. Sempre que quebrarmos o silêncio, estaremos mudando o mundo aos poucos."

Ruth Manus, advogada e escritora[32]

Por isso, quero terminar este capítulo com um convite: assuma seu lugar de direito.

Faça a sua pose de poder e repita:

Eu sou ambiciosa.

Eu sou capaz.

Eu mereço chegar ao topo.

Lembre-se de que o sucesso e o fracasso são dois lados da mesma moeda. E ambos nos trazem medo. Sim, muitas de nós temem o sucesso e, por isso, desenvolvem tantos autoboicotes. É preciso encarar tanto a vitória, quanto a derrota, como partes do jogo da vida. Sendo assim, que tal estabelecer a si mesma o desafio de fazer o número de sucessos ser superior ao de fracassos? O que acha de olhar para o fracasso com mais leveza, sem culpa ou tortura? Não deixe que ele se torne maior do que é: um aprendizado, nunca um bloqueio.

Acima de tudo, não se esqueça: você também é o sonho mais selvagem das suas ancestrais e pode ir muito além do que elas sonharam.

Se ainda precisa de mais um incentivo para arriscar, deixo aqui as palavras da atriz Emma Watson, no histórico discurso que proferiu na ONU:

"Pergunte-se:
Se eu não o fizer, quem o fará?
E se não for agora, será quando?"

03

Eu, Mulher Equilibrista: A Coragem como Marca para Viver Bem

Se eu fosse resumir Ida Luciana Martins Noriler em uma palavra seria esta: destemida. Essa mulher equilibrista, com coragem e maestria, sabe contornar os obstáculos que a vida coloca em seu caminho. E ela não titubeia em revelar a sua motivação: "Eu nem sempre soube o que queria, mas sabia reconhecer que as regras nem sempre me deixavam confortável. Como queria contribuir mais, busquei meios para fazer isso, respeitando as minhas características", contou-me.

Essa administradora, formada pela Universidade Regional de Blumenau, apaixonou-se pela área de Educação, mergulhou no gerenciamento de projetos e coleciona, desde então, sonhos a serem realizados nessa área. Cabe nesse pacote desde a

Ilustrado por Matheus Loch Mallmann

criação de ONGs a uma presença mais forte e cuidadosa na escola do filho. "Eu me preocupo muito em educar as minhas duas crianças para serem felizes com as suas profissões e a vida no futuro."

Ida é assim: consciente. Aprendeu cedo que um jardim só floresce com os cuidados e nutrientes adequados. Os espinhos machucam, mas também fortalecem. "Ainda jovem, assumi uma função de gestão. Sofri assédio sexual e acabei sendo demitida junto com o meu chefe. Eu nem me dei o tempo de chorar antes de seguir em frente. Outras oportunidades surgiram, porque as pessoas acreditaram em mim, no meu caráter." Segundo ela, esse episódio a ajudou a desenvolver habilidades e competências para não passar pela mesma experiência novamente. "O mundo do conhecimento ainda é visto como masculino e, confesso, tive que me impor poucas vezes. Iniciativa e coragem são a melhor forma para lidar com isso. Criar aliados entre os homens também ajuda."

A maternidade não foi o primeiro desequilíbrio na vida de Ida. "Minha prioridade, durante muito tempo, foi o trabalho. Sinto culpa por não ter respeitado, por exemplo, o tempo que os meus pais queriam ter comigo. Tentei equalizar isso quando ficaram doentes. Depois que minha mãe entrou em estado vegetativo e meu pai faleceu, tornei-me outra. Quando se tem consciência da morte, é muito mais fácil tomar decisões."

Com a maternidade, veio uma reinvenção na profissão. "Estipulei tempo para o trabalho e para a família, para não descuidar nem dos meus dois filhos nem do marido. Sinto-me, assim, mais útil e ativa. Sempre amei o que faço e seleciono o que me possibilita devolver às pessoas o que aprendi. O trabalho me propiciará realizar mais sonhos. O ritmo oscila, diante do momento da vida. Hoje eu sei que não farei meu trabalho bem se a minha família não estiver bem."

Na árdua tarefa do reequilíbrio, Ida só não abriu mão da inovação. "Quando pude assumir as disciplinas que queria, resolvi buscar formas dos alunos aprenderem de maneira mais prática, conectando o aprendizado à realidade." O que ela fez foi contagiá-los com a mesma coragem que a distingue, incentivando-os a criar projetos e a mostrá-los ao mundo. "Nós fomos seis vezes premiados, ganhando o privilégio de conhecer o Vale do Silício, na Califórnia. Alguns dos meus alunos estão lá até hoje; outros visitam a região constantemente; muitos se tornaram empreendedores; e desconheço um que esteja sem atuação."

Essa mulher equilibrista gosta, nas suas próprias palavras, de "simplificar a vida". "O filho pode ir à escola pública, se for boa; pode comprar o lanche da escola para que eu não tenha que correr atrás disso todo dia; pode levar roupa no carro para não ter que vir para casa se trocar. Organizar a logística é fundamental. Acompanho muito de perto a evolução e o dia a dia dos meus filhos. Quando viajo, delego isso ao marido e às babás. Vivo com *checklists*, cumpro horários rigorosamente; crio hábitos e organizo calendários. Quanto mais simples tornar os processos, mais tempo livre tenho e menos energia gasto. O plano B é fundamental — sou a rainha do improviso. A rede de contatos também ajuda absurdamente em tudo na vida", revelou-me Ida, que já se acostumou com os inevitáveis desequilíbrios em um ou outro campo da vida. "Desenvolver comportamentos adequados sempre me ajudou a conquistar muitas coisas — dentre elas, fazer o que quero e gosto hoje."

Se os sonhos foram esquecidos? Claro que não, mas ela soube aceitar que a vida não é um plano imutável. É preciso abraçar as mudanças e vislumbrar as novas formas que os desejos assumem. "Meus sonhos sempre andaram juntos com a carreira e a família, mas eles já são diferentes dos de ontem", revelou-me, sem esconder que a sua capacidade de sonhar é o que a move diariamente. "Eu sempre me considerei ambiciosa. Sempre visualizei, de olhos fechados, mas acordada, as posições que queria alcançar. É assim que vou realizando meus sonhos: vejo-me nele, tocando o negócio e falando com as pessoas, como se fosse real. Às vezes, acho que sou louca; às vezes, me assusta mais o fato de conseguir torná-los realidade." É se abrindo ao novo que ela transforma a realidade. "Após perder uma amiga para o câncer e perceber a quantidade de mulheres que enfrentam esta doença traiçoeira, eu me propus a cortar e a doar o meu cabelo para ajudá-las nessa batalha, por exemplo. O mundo, afinal, só muda quando as partes dele mudam."

Como escreveu Clarice Lispector em *A hora da estrela*[1], essa simplicidade toda demanda muito trabalho. E coragem. É por isso que a destemida Ida tem mais algumas dicas para se viver bem. "Cumpra a sua palavra em tudo que se dispuser a fazer; lembre-se de que você é o exemplo do seu filho; aprenda a dizer não; mantenha-se atualizada, mas questione os modismos; identifique o que funciona para você; resolva as coisas com a cabeça fria e, quando chegar a hora, faça isso pessoalmente; fazer cara de paisagem é ótimo; sonhar ajuda a elevar a autoestima e a motivação; busque sempre o equilíbrio em tudo; não se esqueça de, acima de tudo, valorizar a vida." Uma boa receita, não acha?

04

Eu, Mulher Equilibrista: Liderando uma Nova Geração de Princesas

Fabiana Xavier Tambosi aprendeu cedo o que é lidar com críticas. Afinal, tinha só 24 anos quando decidiu empreender e enfrentar todas as incertezas e turbulências desse caminho. A aposta ocorreu justamente em um momento pessoal importante: o nascimento de Amanda, sua primeira filha. Dois grandes desafios, tudo ao mesmo tempo e misturado.

Essa mulher equilibrista nunca teve um perfil conformista, mas não esconde que não se importa de ser chamada de ambiciosa. "Eu nunca me contentei com a vida que tinha. Sempre sonhei em melhorar, em ir além, em buscar algo novo. Não sabia onde queria chegar, mas sabia o que não queria mais", confessou-me.

Ao lado do marido Giovani, ela abriu uma camisaria que ganhou o nome de *Principessa* (princesa, em italiano) como uma homenagem à filha. "Nessa fase inicial, o foco total era na empresa, que tinha que fazer dar certo de alguma forma." Foi preciso muita determinação e persistência — até para superar uma dorzinha bem conhecida das mulheres: a culpa. "Eu não era uma mãe tão presente como gostaria. Precisei optar por colocar minha filha na creche em período integral e deixá-la, muitas vezes, com a minha sogra nos fins de semana. Quando as críticas vinham, tentava contorná-las, sem dar muita importância."

A *Principessa* tem a alma de sua criadora: é criativa, linda e ousada. Oferece uma alfaiataria feminina que realça a beleza e a graça da mulher, ao mesmo tempo que lhe confere estilo e conforto para enfrentar as batalhas do dia a dia. A marca nasceu no comércio tradicional, com uma loja física, em Blumenau. Adaptou-se às demandas do mercado, prototipando modelos até encontrar o ideal: comunicação direta com a consumidora, a quem oferece produtos e informação de moda. "Foi uma forma de se adaptar ao mercado. O online é o futuro, e fomos visionários em tomar essa decisão há seis anos."

Fabiana resume essa jornada como extraordinária. "Nossa lucratividade aumentou e a inadimplência zerou. É o sonho de qualquer empresário!" É claro que isso não ocorreu de uma hora para outra; foi uma construção de mais de uma década. "Todas as fases foram necessárias para chegar onde chegamos: desde atender o Brasil todo através de representantes/lojistas para tornar a marca conhecida a praticamente quebrar por um índice altíssimo de inadimplência para entender que não queríamos mais esse caminho e precisávamos procurar um novo. Nós nos reinventamos, nos reerguemos e começamos do zero, no online, um formato até então desconhecido e cheio de novos desafios."

O empreendedorismo tornou-se uma palavra popular nos últimos anos e ganhou contornos muitos positivos, dado o sucesso das startups que, aparentemente, tornaram muitos jovens milionários do dia para a noite. Só que essa história é ficção; a realidade é bem mais exaustiva e melancólica — de acordo com o Sebrae, uma a cada quatro empresas fecha as portas antes mesmo de completar dois anos de vida[1]. É uma jornada bem parecida com um passeio em uma montanha-russa, cheia de altos e baixos. E Fabiana não esconde isso: "Minha empresa passou por várias transições até focarmos definitivamente no e-commerce varejista. O foco faz a gente olhar, pensar e trabalhar apenas para um único alvo", explica a empreendedora, segura de que esse foi só um dos fatores de sucesso. Há ainda outros três ingredientes. "Primeiro, dê o melhor de si em tudo aquilo que se dispuser a fazer; segundo, seja persistente mesmo quando tudo parecer perdido; terceiro, seja corajosa, mesmo que não se sinta assim. Demonstre coragem, porque, no fundo, ninguém nota a diferença."

É com essa sinceridade que a criadora da Principessa reforça como é desafiador equilibrar carreira, família e sonhos — ainda mais tendo dentro de casa uma filha pré-adolescente e outra bebê, com demandas naturalmente tão diferentes. "A mais velha requer uma atenção muito similar à mais nova — só que, enquanto uma precisa ser ouvida para se acalmar, a outra precisa me ouvir para se acalmar", brinca. Quando me concedeu a entrevista, Fabiana ainda estava amamentando a pequena Alice. Logo me corrigiu dizendo que ainda está aprendendo a manter todos os pratinhos em movimento. "Sei, porém, que apesar da vida corrida (sou mãe, esposa, dona de casa, empresária, diretora criativa), preciso tirar um tempo para mim no meio disso tudo, para fazer as coisas de que gosto e que aumentam a minha autoestima. Pois se eu estou bem, todo o resto corre bem..."

Nessa década de empreendedorismo, ela já aprendeu, por exemplo, que a melhor forma de lidar com tantas demandas é manter a organização e a disciplina. "Eu determino um tempo para cada um e dou o meu melhor a cada um." É com essa convicção e disposição que ela se dá o direito de ir ao salão de beleza; fazer academia e corrida duas vezes por semana; tomar chá para se centrar e dormir bem à noite; e cuidar das filhas e do marido, além de traçar planos para o futuro da Principessa. "A família vem sempre em primeiro lugar e, no meu caso, carreira e sonhos andam na sequência e juntos", explica. "Quero muito estruturar a minha empresa nos seguintes aspectos: criar um time engajado e comprometido com o resultado e consolidar a marca, tornando-a reconhecida nacionalmente pela sofisticação e qualidade."

É com essa humildade e garra que Fabiana se mantém uma princesa, não aquela do estereótipo "bela, recatada e do lar", mas uma capaz de protagonizar com tanta maestria a própria vida, que se torna fonte de inspiração para as mulheres e as meninas ao seu redor.

COFFEE BREAK

Que tal fazer uma pausa para pensar sobre a sua vida?

1. O que ressoou em você durante o nosso papo sobre **ambição**?

2. O que ressoou em você durante o nosso papo sobre **autoestima**?

3. Após conhecer as histórias de Ida e Fabiana, duas mulheres equilibristas do meu círculo, o que você ressaltaria sobre elas?

05

Vamos Conversar sobre Família?

Arlette Pinheiro Esteves Torres. Será que você reconhece esse nome? Dou uma dica: ela faz parte da sua vida. É bem provável que você a tenha como referência, embora pouco saiba sobre quem ela realmente é.

Essa mulher equilibrista nasceu no Rio de Janeiro e, como muitas de nós, é descendente de italianos e portugueses que atracaram nestas terras em busca de um futuro melhor. Teve uma infância simples, mas farta em cultura — da música clássica que gostava de ouvir às histórias da avó que preenchiam sua imaginação. Sua voz sempre chamou a atenção, e seu primeiro emprego, ainda adolescente, foi em uma rádio[1].

Além de locutora, ela começou ali a desbravar outros caminhos — redigiu textos e passou a atuar como atriz de rádio. Hoje é até difícil pensar em um mundo sem novelas e séries, mas até 21 de dezembro de 1951, quando *Sua vida me pertence* foi ao ar na TV Tupi[2], o brasileiro tinha no rádio a sua principal fonte de informação e entretenimento. Foi nessa mídia que Arlette deu

Ilustrado por Matheus Loch Mallmann

os primeiros passos na carreira e criou para si um pseudônimo que se tornou bem maior do que ela podia imaginar: Fernanda Montenegro.

Em sua biografia, a atriz reconhece que trocou de pele tantas vezes na vida que nunca teve seu "próprio rosto nem postura"[3]. Pode ser que você a imagine como a intragável Beatriz Falcão, em *Belíssima*, ou a sofrida Dora, em *Central do Brasil*. Talvez o que lhe venha à mente ao escutar o nome dela seja aquela cena clássica de *Guerra dos sexos* em que Fernanda e Paulo Autran arremessam o café da manhã um no outro. Ou talvez você tenha tido a chance de vê-la bem de pertinho, em um teatro.

Sim, porque do rádio ela partiu para o palco. Embora o primeiro espetáculo tenha sido aos 8 anos, em uma peça improvisada por um primo em uma igreja, a estreia oficial ocorreu 12 anos mais tarde[4]. E foi nas coxias do teatro que ela conheceu seu grande amor, Fernando Torres, com quem teve dois filhos. Essa parte da história provavelmente você já conhece, mas será que em algum momento parou para pensar em como Fernanda foi capaz de equilibrar todos os pratinhos?

Ora, ela não se tornou uma das mulheres mais admiradas do Brasil[5] por acaso. Não se tornou a primeira atriz latino-americana a ganhar o Emmy[6], tampouco se mantém como a única brasileira a ser indicada ao Oscar em uma categoria de atuação[7] à toa. Isso tudo exigiu da atriz tempo, dedicação, isolamento da família e comprometimento, como em qualquer outra profissão. Exigiu da mulher e da mãe escolhas, discernimento, firmeza, apoio, culpa e perdão.

"Sempre fomos atores. Então a nossa rotina familiar teve que se adaptar a isso, como acontece com qualquer um. Se você é um homem do mar, você tem que sair com o navio e fica aquela mulher ali, tomando conta da prole. Se a mulher tem que viajar, ela tem empregada, ou a chamada 'mãe coletiva', que cuida de todo mundo daquela comunidade. Vai se vivendo, compreende?"

Fernanda Montenegro, atriz[8]

Carreira e maternidade são uma dobradinha que se mantém em pauta desde que a luta feminina no mercado de trabalho começou. E eu, é claro, além de viver isso dentro da minha própria casa, debrucei-me sobre esse assunto durante a minha investigação.

Hoje as brasileiras representam quase 50% do mercado de trabalho brasileiro, e boa parte de nós é responsável não só pela formação dos filhos, mas também pelos custos da casa. De acordo com estudo da *Revista Crescer*, carreira e maternidade são um ponto de inflexão para 94% das mulheres[9]. Conciliar esses dois campos é trabalhoso e, ouso dizer, desgastante.

A insegurança não se justifica somente pela jornada dupla, mas também em números: a chance de uma mulher com filhos ser preterida por outra sem filhos e com a mesma qualificação, durante um processo seletivo, é de 80%[10]. De acordo com estudo da Fundação Getúlio Vargas, 50% das trabalhadoras são demitidas dois anos após o retorno da licença-maternidade[11]. E nem estou falando da licença estendida, que não se mostrou efetiva para 60% das mulheres[12].

A consultora Betânia Tanure, uma das maiores especialistas em gestão do país, estudou a satisfação dos executivos brasileiros e atestou que o equilíbrio entre a vida pessoal e profissional tira mais o sono das mulheres (47%) que dos homens (42%). No que tange à carreira, a falta de desafios (61%) e de emprego (36%) são os principais temores das líderes femininas.

E veja só: 50% das entrevistadas reconheceu que a maternidade dificultou o desenvolvimento da carreira[13].

As reportagens e as pesquisas sobre esse tema sempre atiçaram a minha curiosidade. Perguntei-me diversas vezes qual é o segredo, então, para vencer as estatísticas. A resposta pode ser resumida em uma frase:

EU NÃO ESTOU SOZINHA.

Não existe um único ser humano neste mundo que não tenha dentro de si dúvidas e angústias. A tonelada de informações a que temos acesso atualmente dá, muitas vezes, asas à nossa imaginação — e não de uma maneira positiva. O frio na barriga aumenta junto com a desconfiança no nosso potencial e na nossa capacidade de resolver problemas e desatar nós. Os ombros ficam pesados e bate aquela solidão enorme por ter que carregar o mundo nas costas.

Como eu vou fazer isso?

Onde vou arrumar tempo?

O que priorizar?

Como?

Como?

As mulheres equilibristas não estão imunes às pressões internas e externas, mas a arma delas para contornar obstáculos é construir uma **REDE DE APOIO**. Sabem que não estão sozinhas e, principalmente, não precisam resolver tudo sozinhas. Elas não têm vergonha de pedir ajuda, pois isso não diminui, de forma alguma, a sua habilidade ou competência materna.

Muitas delas têm no parceiro o seu principal pilar. "O meu marido é aquele, Adri, que muita gente fala que não existe: eu posso confiar nele; posso desabafar; posso dividir tarefas e obrigações, como buscar o filho na escola, na natação e no médico; posso contar realmente com ele", explicaram-me. Acima de tudo, elas tinham em casa um lugar seguro, onde não havia disputa por poder ou liderança. Mais importante do que quem é o provedor da família é o diálogo e a igualdade de oportunidades.

Admito: saí das primeiras entrevistas completamente incrédula. Como elas fizeram para achar uma agulha em um palheiro?

Confesso (não sem vergonha) que achei que esses parceiros eram exceções, peças raríssimas "no mercado". Resolvi, então, aproveitar os laboratórios para testar a reação de outras mulheres. "Quem mais duvida que esse homem existe?", perguntei diversas vezes. E adivinhe?

Ao ver as poucas mãos levantadas, mais uma surpresa: muitas mulheres têm ao seu lado um companheiro trabalhador e também equilibrista, disposto a assumir inteiramente a sua responsabilidade na vida familiar. A Rede Nossa São Paulo e o Ibope Inteligência corroboraram isso com uma pesquisa que entrevistou moradoras da metrópole paulistana e atestou que, entre 2018 e 2020, o número de famílias onde a divisão de cuidados é igualmente compartilhada aumentou de 12% para 20%[14].

Entendi, então, que as mulheres equilibristas não tiveram sorte — elas souberam escolher os seus parceiros. Para começar, elas desativaram armadilhas muito comuns do nosso cérebro, que teima em buscar fatos e dados para justificar estereótipos e crenças negativas. Refiro-me aqui à nossa insistência de rotular todo homem como cafajeste ou inábil para cuidar da casa e das crianças. Essa programação mental, repetida inconscientemente por muitas mulheres, grupo no qual me incluía, atrai justamente o contrário do que se deseja. E o resultado, claro, não poderia ser diferente: sem ressignificar crenças, vive-se na #sofrência. Não tem jeito.

Outro ponto importante, ainda sobre esse assunto, é que as mulheres equilibristas também souberam nutrir esse relacionamento para que o amor, a paixão e a admiração não desaparecessem diante da enorme lista de tarefas e obrigações familiares. Elas não se esquecem de que, antes de ser mãe e pai, eram mulher e homem, dois papéis que precisam ser valorizados e respeitados, por mais desafiador que isso seja dentro da nova configuração. Eu descobri que essas mulheres criaram uma parceria tão afinada quanto a metáfora da cabeça e o pescoço. Elas apontam a direção, giram como o pescoço e deixam que os maridos escolham o caminho.

São notórias as mudanças nos lares brasileiros. A exemplo dos Estados Unidos, o número de mulheres como provedoras das famílias vem crescendo. Hoje várias pesquisas atestam isso. Segundo um estudo da Escola Nacional de Seguros, em uma década e meia, há duas vezes mais mulheres liderando lares, passando de 14,1 milhões, em 2001, para 28,9 milhões, em 2015. A Pesquisa Nacional por Amostra de Domicílios (Pnad), do IBGE, mostra um aumento expressivo de mulheres tomando decisões nas famílias em que há um cônjuge, isto é, não estamos falando somente de mães solteiras ou separadas. "Entre os casais com filhos, o número de mulheres chefes passou de 1 milhão, em 2001, para 6,8 milhões, em 2015, alta de 551%. Já no caso dos casais sem filhos, o crescimento foi ainda maior, de 339 mil para 3,1 milhões, salto de 822%", detalhou a reportagem da Época Negócios[15], cujas fontes consultadas reforçam que esse empoderamento é fruto do aumento no grau de escolaridade da população feminina.

Como qualquer parceria, o casamento dá certo quando há cumplicidade, transparência e, principalmente, confiança. Não adianta nada dar ao outro o direito de escolher o caminho e, depois, criticar suas decisões. Não adianta nada criar um acordo e não respeitar as regras. Não adianta nada pedir igualdade e não conceder ao outro o mesmo direito. Não adianta nada encontrar o homem ideal e lhe roubar o encanto.

Há muitas pegadinhas no caminho, e é preciso consciência, diálogo e persistência para não se deixar seduzir por elas. Todas queremos relações lindas, harmônicas e satisfatórias.

> "Dividam igualmente a criação. 'Igualmente' depende, claro, de ambos, e vocês vão dar um jeito nisso, prestando atenção às necessidades de cada um. Não precisa ser uma divisão

literalmente meio a meio, ou um dia você, um dia ele, mas você vai saber se estão dividindo igualmente. Vai saber por não se sentir ressentida."

Chimamanda Ngozi Adichie, escritora[16]

Quando deu o conselho acima à amiga de infância que lhe perguntara como criar a filha, a escritora nigeriana ainda não tinha se tornado mãe, mas já era uma voz ativa pelos direitos iguais. Anos depois, ela releu as dicas e as tornou públicas, em uma tentativa coletiva de construir um mundo mais justo. Alertou, inclusive, para o fato de que a desigualdade pode fomentar ressentimentos entre o casal.

O remédio para evitar essa toxicidade pode ser não só a divisão de responsabilidades em todos os campos, mas também a confiança nos sentimentos e na capacidade do parceiro. Pesquisas apresentadas no documentário *Bebês em foco*[17], da Netflix, demonstram que os níveis neurais entre pais e mães quanto a sentimentos de amor e preocupação são muito próximos. Todos esperavam que o cérebro da mãe tivesse respostas muito acima das do pai — e, de fato, são, mas a diferença não é tão significativa. Curioso, não? Isso comprova que as mulheres podem confiar mais nos cuidados dos parceiros — ainda que não seja igual, é inundado de amor, tanto quanto o dela.

Em sua biografia[18], a ex-primeira dama dos Estados Unidos, Michelle Obama, também aborda esse tema. Ela conta que os conflitos com o marido começaram antes mesmo de Barack se tornar senador ou presidente. As longas jornadas de trabalho o afastavam da família, permanentemente à sua espera.

Pergunto: você consegue imaginar esse casal tendo problemas a ponto de buscar terapia?

Pois saiba que eles se sentaram no sofá de um terapeuta para trabalhar as divergências. "Antes das meninas, esses aborrecimentos podiam parecer insignificantes, mas, como mãe que trabalhava em tempo integral, levantava antes do amanhecer e tinha um marido em meio período, eu sentia que minha paciência diminuía, até que certa hora simplesmente esgotava. Quando Barack chegava em casa, ou eu já estava furiosa ou já tinha dormido, depois de ter apagado todas as luzes da casa e ido de mau humor para a cama", contou[19]. O ressentimento descrito por Chimamanda à amiga estava crescendo entre o casal Obama. Michelle começou a se indignar com a carreira política do marido. Ela preferia que ele aceitasse um emprego em uma fundação, com uma carga horária mais regular e compatível com a da família.

As sessões de aconselhamento os ajudaram a afinar o casamento. "Comecei a ver como eu tinha alimentado minhas partes mais negativas, presa à ideia de que tudo era injusto e, como advogada formada em Harvard, reunindo provas que sustentassem a hipótese. Agora eu tentava uma nova: era possível ter mais controle sobre a minha felicidade do que eu estava me permitindo ter. Andava tão ocupada me ressentindo com Barack por conseguir, por exemplo, encaixar uma academia na sua agenda que nem me dispunha a refletir sobre como eu mesma poderia passar a ir regularmente. Gastava tanta energia me preocupando se ele chegaria ou não em casa para jantar que os jantares, com ou sem ele, não tinham muita graça", explicou a ex-primeira-dama[20]. O que ela fez?

Michelle construiu a sua rede de apoio. Contou com ajuda da mãe alguns dias da semana para retomar os exercícios ou simplesmente para sair com as amigas. O conflito do jantar foi resolvido ao criar horários rígidos para a refeição, para ler e para apagar as luzes à noite. "Para mim, fazia muito mais sentido do que atrasar o jantar e fazer as meninas esperarem acordadas, às vezes morrendo de sono, para um abraço. E assim retomei meu desejo de que elas crescessem fortes e centradas, sem se acomodarem a qualquer forma do velho patriarcado: não queria que elas acreditassem um instante sequer que a vida começava quando o homem da casa chegava."[21]

> "As mulheres reclamavam de fazer as coisas sozinhas, mas não tinham reconhecimento próprio ou social de que a divisão não se trata de privilégio, capricho ou ajuda."

Vera Iaconelli, psicóloga[22]

E quando não é possível compartilhar as tarefas 50/50?

E quando isso não for suficiente por uma série de motivos?

Assim como Michelle Obama e Fernanda Montenegro, as mulheres equilibristas contratam babás, acionam outras mães e pedem socorro para a família, além dos amigos. Não existe medo de incomodar; existe empatia, compaixão e sororidade. Eu mesma contei muito com a ajuda do meu pai e da minha irmã antes de compartilhar a guarda do meu filho com o pai dele.

Em algum momento da nossa história, nós nos esquecemos de que os seres humanos são sociais, sempre viveram em comunidade, trocando e se ajudando. Formar essa rede de apoio faz parte da nossa essência e é uma ajuda e tanto na criação e nos cuidados dos nossos filhos. Sem isso, não há equilíbrio.

Como tocar uma reunião se não há confiança na creche?

Como fazer uma viagem a trabalho se não há tranquilidade com a pessoa responsável por cuidar das crianças?

A meu ver, a rede de apoio se torna ainda mais importante dentro das novas configurações familiares. Há muito tempo, a família brasileira já não é mais aquela do comercial da margarina. O meu filho mesmo nasceu em uma família "tradicional", mas cresceu com pais morando em casas diferentes, recebendo o suporte dos avós e dos tios. A maioria dos lares brasileiros — 58%, segundo a Pnad, do IBGE, de 2015[23] —, já se tornou plural, sendo liderados por mães ou pais solteiros ou divorciados, casais homoafetivos, entre tantos outros.

Em entrevista ao Hypeness, o psiquiatra e terapeuta Marcos Naime Pontes explicou essa pluralidade da seguinte maneira: "Uma definição que me agrada é a de pensar que a minha família é composta por aqueles com quem eu conto. Hoje, todas as formas de família são aceitas pela Associação Brasileira de Terapia Familiar (ABRATEF). Pelo IBGE, a única forma não aceita de família é a de um grupo de adultos que mora no mesmo local sem laços de sangue ou relacionamentos romântico-afetivos. Nesse caso, o IBGE classifica esse grupo como 'moradia em conjunto'."[24]

Para a nossa conversa, todos esses desenhos são válidos. Destacaria, inclusive, os filhos adultos e solteiros que passam a cuidar dos pais idosos, assumindo uma série de obrigações e questões tão delicadas quanto os cuidados exigidos por uma criança. Eles também precisam instituir uma rede de apoio para tocar seus compromissos, ao mesmo tempo que zelam por quem lhes deu a vida. "Hoje não mais importa se a família se organiza de uma forma tradicional; o que importa é se ela funciona, cuida e agrega seus membros", cravou a psicanalista Luciana Saddi, em artigo na *Folha de S.Paulo*[25]. Eu particularmente acredito que família é estar e conviver com quem se ama.

De olho na felicidade e na produtividade, algumas empresas têm se movimentado na criação de uma estrutura de apoio, aliviando as preocupações dos seus funcionários e contribuindo para o bem-estar. Dentro desse escopo, vale destacar desde a extensão da licença-maternidade e paternidade até a instalação de creches e espaços de convivência para as crianças, além da flexibilidade de horário. Facebook, Tesla e Starbucks estão entre as companhias que decidiram incluir no seu rol de benefícios o congelamento de óvulos e a fertilização *in vitro*, iniciativas polêmicas, é verdade, mas que podem aliviar a pressão sobre futuras mamães.[26]

Por necessidade ou propósito, muitas mulheres têm apostado no empreendedorismo e se apoiam em grupos e startups voltados exclusivamente a dar suporte e acelerar mães, em uma prova concreta de que nós não estamos sozinhas.

> "E eu pensei: que tipo de mãe eu seria se não fizesse o que me apaixona? Eu seria uma péssima mãe."
>
> **Reese Witherspoon**, atriz[27]

Que mulher nunca se sentiu como a atriz de *Legalmente loira*?

Costumo brincar nas palestras que a maternidade é praticamente um dilema shakespeariano — filhos: tê-los ou não tê-los, eis a questão.

Em *Faça acontecer,* Sheryl Sandberg narra um dos encontros que teve com uma jovem profissional que entrou na sua sala completamente angustiada, sem saber se valeria mesmo a pena investir na sua carreira diante da vontade de um dia ser mãe. Antes mesmo de ter um companheiro e de engravidar, ela já se afligia com essa escolha e já se atormentava por todas as outras que teria que fazer.

Eu costumo dizer que, ao decidir ter filhos, a mulher tatua na pele uma palavra: **CULPA**. E falo com propriedade, porque retoquei essa tatuagem durante todo o processo de crescimento do Matheus. Se tiver que apontar um momento em que ela se instalou em mim, foi assim que os exames apontaram que a lesão cerebral dele ocorreu durante a 28ª semana de gestação. Para mim, o veredito estava dado: se aconteceu dentro da minha barriga, a culpa era minha. A tatuagem foi retocada várias vezes ao longo dos anos — pela dificuldade para amamentar; pela necessidade de complementar sua nutrição com Nan, uma fórmula infantil para quem não consegue fornecer todo o aleitamento materno; pela volta ao trabalho quando ele tinha 2 meses; pela separação do pai dele…

Lembro-me de sair derrubada de uma capacitação de "Psicologia Aplicada Aos Negócios". Fazia parte do programa estudar todas as fases de desenvolvimento do ser humano e, claro, descobri ali todos os prejuízos que um casamento falido e infeliz pode causar aos filhos. Levei anos para amenizar esses efeitos e gastei, provavelmente, milhares de reais em terapia, constelação familiar, encontros espirituais e retiros para ressignificar tudo isso. É claro que a separação deixa marcas, mas cabe a cada um de nós escolher se uma experiência nos define ou não.

Muitas das cicatrizes que carrego surgiram somente depois de descobrir outra mulher equilibrista: a psicóloga Cecília Troiano, que me ajudou a não só lidar, mas também a passar uma base sobre essa tatuagem. O incômodo ainda pode até existir, mas já consigo identificá-lo e, principalmente, impedi-lo de roubar toda a minha vivacidade.

Quem nunca se questionou, no meio de uma reunião de trabalho, se o filho tinha comido?

Quem nunca se preocupou se ele tinha tomado o remédio no horário certo?

Quem nunca refletiu sobre a sua responsabilidade em uma atitude diferente ou até agressiva do filho?

Quem nunca se perguntou se estava fazendo a coisa certa ao priorizar a viagem de trabalho?

Quem nunca se sentiu mal por estar cansada demais para brincar com o filho?

Quem nunca se culpou por perder uma reunião ou festa na escola?

Quem nunca se repreendeu por uma resposta atravessada?

Quem nunca se sentiu uma péssima mãe?

A culpa nos parte ao meio e nos faz mergulhar em um submundo muito sombrio. Qual é a saída mais comum? Apelar para a compensação, o que significa fechar os olhos para a incoerência. Todo o processo de formação dos filhos vai por água abaixo — nós os mimamos além da conta, entregando mais do que não precisam e menos do que necessitam. Tornamo-nos aquelas mães-helicópteros, superprotetoras e supercontroladoras, que impedem que as crianças se desenvolvam emocionalmente, que se machuquem e até que se frustrem (como se isso fosse possível).

Um erro deles não é encarado como algo natural e como parte do processo de desenvolvimento, mas como uma prova concreta do nosso fracasso, um verdadeiro atestado de incapacidade. Ficamos tão obcecadas que até as conquistas na carreira, pelas quais tanto lutamos, perdem um pouco o brilho. Não abandonamos o trabalho, mas não nos sentimos tão realizadas quanto poderíamos.

E sabe o que é pior?

Nem assim nos sentimos felizes. Nem assim nos convencemos de que somos suficientes ou estamos fazendo um bom trabalho para que o nosso filho se torne um adulto emocionalmente seguro, pronto para construir um futuro próspero.

Por isso, brinco que é preciso passar uma base, pó, blush, tudo que for necessário para que a culpa não nos roube a vida, para que não comprometa nossa carreira, nosso relacionamento com o parceiro e, sobretudo, os nossos bens mais preciosos — os filhos. Acredite: a culpa pode ser gerenciada. É preciso aprender a conviver com ela.

> "A felicidade dos filhos não está diretamente relacionada ao fato de a mãe estar em casa ou não. Os resultados são similares às mães que estão em casa e às que trabalham."
>
> **Cecília Troiano**, psicóloga[28]

Por favor, minha amiga, respire fundo e leia de novo o que Cecília diz.

Além de mãe, a convicção dela é fruto de um estudo com crianças e jovens, de 6 a 22 anos, justamente para entender o relacionamento deles com os pais e o impacto dessa vivência na projeção de futuro deles. O resultado é que nossos filhos são muito mais sábios do que nós: eles se adaptam à realidade, com menos dores e dramas. Pouco importa se a mulher é mãe em tempo integral ou não. A felicidade deles não depende disso.

Cecília conversou também com vários especialistas, e um deles, o pediatra Claudio Len, citou a base educacional e a estrutura familiar como fatores primordiais para o desenvolvimento da criança. "Seja qual for a opção da mãe [sobre trabalhar fora ou não], o que influencia é se existem ou não o equilíbrio e a estabilidade", explicou. Para a psicopedagoga Maria Irene Maluf, outra especialista consultada pela psicóloga, a forma como a mãe se relaciona e se refere ao trabalho também impacta a criança. "Se a mãe fala 'eu trabalho feito uma louca para você ter tudo isso', isso vai gerar outro tipo de cobrança. Ao mesmo tempo que, se essa mãe for solteira e trabalhadora, isso leva a uma admiração por parte do filho", esclareceu.

Isso me leva a um vídeo que ficou muito popular na internet, em que o palestrante e escritor Marcos Piangers sugere ao empreendedor Caio Carneiro[29] não dizer às crianças que trabalha para pagar as contas. "Você está ensinando para o seu filho que a vida é nascer, crescer, pagar as contas e morrer", justificou. É completamente diferente de quando você diz que vai viajar porque ama o que faz, está inspirando outras pessoas e está mudando um pouquinho o mundo. "Seu filho vira para você", explicou, "e diz: 'Meu pai é meu herói, meu pai é minha inspiração!' Você está ensinando para o seu filho que a vida é nascer, crescer, achar um propósito, realizar algo grande e ir embora com uma missão cumprida." Lindo, não é?

Ao conversar com especialistas, como a pedagoga Ana Paula Dini, Cecília reforça essa visão ao afirmar que "se a mulher estiver bem resolvida em suas escolhas, o seu modo de ser e de se comportar vai prevalecer, seja no presente ou como referência no futuro". O mesmo se dá com a esposa de Piangers, Ana Cardoso, também escritora e palestrante. Ela, que escreveu *A mamãe é rock*, recomenda criar uma tabela de divisão de tarefas domésticas entre pai, mãe e filhos. Esse é um exercício simples e que não se limita a distribuir responsabilidades e obrigações. É uma forma de tornar visível o esforço de cada um e de promover o reconhecimento. Cria-se uma prática virtuosa dentro do núcleo familiar que pode ser expandida a outros círculos, trazendo mais leveza ao dia a dia e às relações.

Sabe quem também enfrentou esse turbilhão de culpas, emoções e dúvidas? Sheryl Sandberg, do Facebook. Ela se tornou precocemente viúva, depois que o marido, também um alto executivo do Vale do Silício, teve um ataque cardíaco fulminante enquanto se exercitava em um resort no México. Sheryl contou em *Plano B: Como encarar adversidades, desenvolver resiliências e encontrar felicidade* diante de todas as dificuldades pela quais passou. Teve, por exemplo, que "abandonar a ideia ultrapassada de que crianças só podem viver com pais casados e heterossexuais" e se acostumar com a tomada de decisão solitária. "Percebi que não tinha que saber como ajudar meus filhos em todas as situações por que passassem. Eu não precisava lidar com a tristeza de uma vida inteira a cada vez que chorassem. Só tinha que os ajudar com aquilo que estivessem vivenciando no momento. Não precisava fazer nem mesmo dez curvas. Só ajudá-los a fazer uma de cada vez[30]", explicou na obra, escrita com o psicólogo Adam Grant, um amigo que integrou a sua rede de apoio nesse momento tão delicado.

E o trabalho?

Bem, ele também vai de vento em popa quando estamos seguras da nossa decisão. As mulheres equilibristas que entrevistei me relataram que se tornaram muito mais produtivas após a maternidade. Abandonaram qualquer tipo de superficialidade ou procrastinação. Se um relatório precisa ser entregue em tal dia, ele ficará pronto em tempo de honrar o compromisso que é importante para ela e para a família. Cheguei a ouvir da boca de uma líder de três negócios, com uma família composta por três crianças e um marido, a bela frase: "Ser empresária me fez ser uma esposa e mãe ainda melhor."

Percebi que o mesmo aconteceu comigo. Embora tenha colocado o "pé no freio" na carreira, durante os primeiros anos do meu filho, eu cresci muito. A receita para gerenciar tudo isso com maestria? Foco e presença. Cada um tem o seu tempo. Saber disso — e aplicar isso na prática — faz toda a diferença.

Não vou prometer fórmulas mágicas. Uma insegurança ainda a rondará — afinal, não existe jeito certo ou errado e, principalmente, não há garantia alguma de felicidade certa para o seu filho, por mais compromissos e sacrifícios que faça. Só o tempo traz essa resposta. "Toda mãe tem culpa. Depois de Freud, então [risos]... Ele sempre coloca a culpa na mãe, depois vem para o pai. E qualquer revista feminina, dessas que a gente lê em consultórios médicos, tem verdadeiros compêndios sobre a culpabilidade feminina, de como as mulheres sentem culpa, de como lidam com isso. É que a gente tem culpa mesmo", revelou Fernanda Montenegro à Trip[31]. "Aliviei muito depois que vi que eles vieram para o mesmo meio de trabalho que o meu. Pensei: 'Se tivesse sido um pavor, uma coisa que deturpou completamente a personalidade deles, eles não teriam vindo para o mesmo meio'. Então, se errei, errei numa margem com possibilidade de recuperação."

Esse também foi o caminho escolhido por outra mulher equilibrista, que é uma verdadeira fonte de inspiração para mim. Estou falando de Luiza Trajano, que transformou a loja da tia em Franca, no interior de São Paulo, em um império varejista capaz de fazer frente à gigante global Amazon. Ela se casou cedo, teve três filhos e voltou ao batente um mês e meio depois dos partos. Ora, Luiza cresceu em uma loja e sempre se gabou de gostar de encostar a barriga no balcão para escutar o cliente e vender. A maternidade não apagou isso. À *Folha de S.Paulo*, ela contou que foi a mãe quem a preveniu do que viria pela frente. "Lembro o que minha mãe disse quando eu tive o Fred: 'Filho é um marco, é a coisa mais importante da vida.' Falou que não havia receita certa para criar, apenas bom senso e muito amor, e que eu nunca deveria 'pegar culpa'. Ela me alertou: 'Minha filha, vão dizer que, se foi ruim [a criação dos seus filhos], foi porque você trabalhou; se foi boa, foi porque Deus ajudou'", disse[32].

Fernanda e Luiza são bons exemplos da importância de não se deixar levar pelo que os outros fazem e de passar a sua visão para os filhos. "Nunca teorizei a educação das crianças. Acompanhava o que aprendiam na escola, mas nunca dei longos discursos morais. Eu os criei pelo exemplo, mostrando que dinheiro não compra tudo, que é preciso tratar todos como iguais", explicou Luiza, uma das líderes empresariais mais influentes e admiradas do país.

Para mim, essa confiança e fé inabaláveis são importantíssimas, mas tem ainda outro fator.

> "Acho ofensivo para a maternidade chamar 'ser mãe' de emprego. Ser mãe não é emprego. Ser mãe é quem a pessoa é. Ser mãe é quem eu sou. Você pode deixar o emprego. Eu não posso deixar de ser mãe. Sou mãe pra sempre. Mães jamais tiram folga, mães jamais tiram férias. Ser mãe nos redefine, nos reinventa, nos destrói e reconstrói. Ser mãe nos coloca cara a cara com nós mesmas quando crianças, com nossas mães como seres humanos, com nossos medos mais profundos de quem realmente somos.

Ser mãe requer que tomemos jeito, ou arriscamos estragar outra pessoa para sempre. Ser mãe arranca nossos corações dos corpos e os prende a nossos minúsculos humanos, e os lança ao mundo, para sempre reféns. Se tudo isso acontecesse no trabalho, eu teria pedido demissão cinquenta vezes. Porque não há dinheiro no mundo. E meu emprego não me paga com o cheiro da cabeça do bebê e com o leve peso de uma criança sonolenta e carinhosa no ombro. Ser mãe é incrivelmente importante. Para quem discorda, eu rosno: não diminuam isso ao chamar de emprego."

Shonda Rhimes, roteirista, produtora e cineasta[33]

Ouso dizer que educar um filho é a maior prova de amor a nós mesmas. É o momento em que somos confrontadas com o nosso passado e com o futuro que desejamos. Dar palestra é fácil; conduzir o Empretec e ter sócios em uma empresa, também; formar um novo ser que dará continuidade à nossa espécie, esse é um desafio e tanto. Você sabia que a ciência já comprovou que quando um filho sorri, a mãe sente o mesmo prazer de um orgasmo?

Como diz Cecília Troiano, as crianças são sábias. A gente acha que as engana escondendo as lágrimas, suprimindo os gritos, reprimindo as tristezas e engolindo as insatisfações. Só que elas sentem que há algo estranho no ar. Captam esses ruídos e, sem ter ferramentas para compreender reproduzem essa infelicidade, ainda que em outro terreno, seja na escola ou com os amiguinhos. Por isso, sempre que a culpa brotar, lembre-se de que a felicidade dele depende da sua. Sinta-se confortável com quem você é hoje. Não se esqueça de que está fazendo o melhor que pode. Amanhã será outro dia no qual terá a liberdade de avançar mais um pouco ou até de mudar de ideia e reestruturar a sua vida.

Por isso, se você decidiu colocar o pé no freio na carreira para acompanhar os primeiros anos do filho, show de bola. Diversos estudos comprovam a importância de a criança ser estimulada e nutrida, inclusive emocionalmente, na primeira infância. Quando ela crescer, você poderá acelerar a carreira de novo. E nem precisa ser no mesmo local. Você não será mais a mesma pessoa.

Se você decidiu trabalhar fora, explique à sua criança a importância do que faz — para você e para o mundo. Sinta-se segura de que também está fazendo a diferença na vida do seu filho, estimulando sua autonomia, inspirando sonhos e estando presente quando ele realmente precisa.

Certa vez, uma mulher equilibrista me contou que não conseguia levar o próprio filho ao médico. Era impossível distanciar-se tantas horas do trabalho. Pense bem: é o tempo de deslocamento, do inevitável atraso do médico, da consulta em si... Ela encontrou a resposta na tecnologia. Quem acompanha o filho, seja o marido ou a babá, faz, na hora, uma videoconferência. Assim ela sabe o que foi falado, esclarece dúvidas com o pediatra e se mantém ativa no desenvolvimento do filho.

Os especialistas ouvidos por Cecília concordam que, para fazer a diferença, a presença não é quantitativa, mas qualitativa. "Se a mãe começa a ficar muito ausente, a criança acaba demonstrando isso de alguma forma.

Alguns filhos pedem presença ou acabam solicitando mais atenção em alguns períodos da vida — aí é hora de rever alguma coisa na rotina, renunciar à academia ou encurtar o horário de trabalho", sugeriu a psicóloga Isabel Kahn[34].

> "Nossos filhos precisam saber que somos humanas, e nós também."
>
> **Thais Basile**, educadora parental[35]

Em 26 de março de 2019, Thais desabafou nas suas redes sociais. Há meses a sua carga horária estava puxada, de 12 a 15 horas por dia, e isso inevitavelmente a estava exaurindo. As ideias não se conectavam mais, a inteligência emocional estava sumindo, assim como a paciência. Um dia ela explodiu com a filha por uma garrafa de água derramada. Quem nunca? Thais contou que chorou e se culpou muito. Quem nunca?

"Decidi escrever esse texto", avisou a educadora parental nas redes sociais, "porque não só nossos filhos precisam saber que somos humanas, NÓS, principalmente, precisamos lembrar que somos humanas. Ninguém vai saber identificar nossas necessidades além de nós. Ninguém vai tomar consciência do nível de cansaço aumentando, além de nós. Ninguém, além de nós mesmas, pode saber nossos limites, pedir ajuda ou falar um f*da-se, quando precisar."

A roteirista, produtora e diretora Shonda Rhimes, criadora das séries *Grey's Anatomy* e *Scandal*, diz que se surpreendeu quando uma amiga lhe questionou se ela já estava entrevistando babás durante o processo de adoção da sua primeira filha. "Por que diabo eu contrataria alguém para cuidar do meu bebê? Sério mesmo? Isso é pura preguiça. Se não estou disposta a cuidar eu mesma do bebê, por que ter um bebê, para início de conversa?", respondeu a supermulher, sem nem imaginar o quanto a sua vida seria afetada pela maternidade[36]. Ao lembrar esse episódio em seu livro, Shonda reconheceu que sua reação foi cruel e lhe rendeu o fim da amizade. Ela não fazia ideia do que viria pela frente e teve que sentir na pele para entender o que outras mães passam.

A verdade é que todas nós somos um pouco arrogantes e um pouco inocentes. Nós nos impomos brios de aço e seguimos em frente, cumprindo o que é esperado de nós ou o que achamos que é esperado de nós. Ao contrário de Thais, ignoramos os cacos deixados pelo caminho e nem nos preocupamos com as dores causadas em quem nos cerca. Só olhamos a lista de pendências. Nada mais.

Nós só conheceremos os desafios e a melhor forma de reagir quando eles se fizerem presentes. Os conselhos dos amigos, bem como dessas páginas, só serão úteis no tempo certo. Até lá, parecerão bobagem, assim como os conselhos ou os cuidados de nossas mães durante a nossa infância e adolescência.

Por isso, quero reforçar dois pontos:

1. É fato: nós vamos errar como mães. Não há outra forma. No entanto, se errarmos no amor e por amor, se nossos filhos crescerem sabendo que são amados, tudo ficará bem. Eles darão conta do que vier pela frente.
2. Se o seu maior desejo é que o seu filho seja feliz, SEJA FELIZ você também. Como dito anteriormente, ele será o seu reflexo.

Como sei que culpa não é uma exclusividade materna, quero abrir um pouco mais a roda e incluir as demais mulheres que carregam o desafio de cuidar de si, dos pais, de familiares, de colegas, de amigos… Em qualquer situação, para qualquer indivíduo, uma boa dose de afeto é a melhor injeção de serenidade e adrenalina.

Por isso, peço, com todo amor que há em mim, que nos momentos de aflição, você se lembre quem é e o que realmente merece. Repita sem moderação:

EU SEI SER GENEROSA COMIGO.

Só assim você estará realmente pronta para seguir em frente e encarar o que quer que seja.

06

Eu, Mulher Equilibrista: Como Construir o Futuro no Presente

Ao conversar com Karina da Silveira Nozar, é impossível não se impressionar com a sua resiliência. Sua vida mudou de curso várias vezes, mas ela sempre soube, com ajuda da sua intuição, uma característica tão feminina, se levantar, renovar os seus sonhos e se realizar. "Fui mãe aos 24 anos, uma gravidez surpresa que mudou radicalmente meus planos. Eu me desconstruí e, junto com o meu filho, construí uma nova história. E essa história, a que não 'planejei', é perfeita no meu coração", contou-me.

A Karina que surgiu com Pedro Miguel teve que renascer pouco tempo depois, quando o companheiro foi vítima de um assalto. "Após dois dias internado, o Di faleceu durante a madrugada. No início da manhã, fui ao Instituto Médico Legal (IML). Meu sogro estava junto, mas já era demais para um pai perder um filho, então decidi que o reconhecimento do corpo deveria ser feito por mim. Até aquele momento, eu ainda tinha um fio de esperança de que os nomes poderiam ter sido trocados."

O passo seguinte foi tão difícil quanto, pois Karina teve que dar a notícia ao filho de 6 anos. "Eu não sei explicar, mas tinha certeza de como falar com ele. Quando estava grávida, li um artigo sobre como contar às crianças sobre a morte de pessoas queridas. Aquilo nunca me saiu da cabeça, como se a vida tivesse me preparado. Então cheguei em casa, fui até o quarto, respirei fundo e pedi a Deus para me guiar. Acordei meu filho carinhosamente, coloquei-o no colo e falei pausadamente: 'Filho, sabe o dodói do papai? Então, não curou, ele parou de respirar e o coração parou de bater. O papai virou uma linda e brilhante estrela. Ele não queria ir, pois você é a coisa mais importante do mundo para ele, a que ele mais ama. Ele queria ficar aqui com você, mas a gente não escolhe a hora que vira estrelinha. O Papai do Céu precisava muito da ajuda dele. O corpo dele não volta mais, mas você poderá sempre rezar e conversar com ele. Ainda que a gente não possa vê-lo, apenas senti-lo, ele poderá nos ver.' Pedro, ao final, me olhou no fundo dos olhos, depois olhou para o nada, com algumas lágrimas caindo, levantou-se e foi brincar."

Foi com essa mesma firmeza e afeto que Karina enfrentou o velório e as questões que surgiram dali em diante. "Para uma criança, as perguntas chegavam obviamente aos poucos. Um dia, ao escovar os dentes perguntou: 'Mamãe, como o papai escova os dentes no céu?' Ou: 'Como toma banho lá?' Perguntas que eu sempre respondi à medida que surgiam."

Nessa fase, o apoio da família foi fundamental. "Sinto que ficamos mais unidos, pois a morte do Di, tão jovem, mexeu muito com todos nós. Durante cinco anos, minha mãe me ajudou com meu filho, que ficava meio período na escola e o restante com ela. Isso me deu muita tranquilidade na carreira. Meu pai foi outro anjo, tornou-se o melhor amigo do meu filho e, além de ficar com ele, é aquela pessoa que, em todos os dias das mães ou aniversários, saía com o meu filho para comprar um presente para mim, algo que Pedro faria com o pai dele. Várias vezes, eu me deliciei com os dois cochichando e fingi não saber nada. Meu irmão também foi e é fundamental, ainda mais após os 10 anos, quando os meninos querem mais a presença dos homens. É muito normal que a criança que perdeu um dos pais tenha medo de ficar sem o outro. Os primeiros anos foram mais delicados nesse sentido. Sempre que tinha que viajar a trabalho ou saía a lazer, eu procurava manter meu filho tranquilo por meio de mensagens e notícias."

Outro aprendizado de Karina nessa fase foi se priorizar. "A psicopedagoga do colégio me falou algo que uso até hoje: cuide primeiro de você, porque se estiver bem, seu filho ficará bem. Experimentei diversas terapias, e cada uma delas provocou um processo diferente na minha vida e me ajudou a curar partes de mim, a me autoconhecer e, assim, a ser uma mãe, uma mulher e uma profissional melhor." Também aprendeu a enfrentar a culpa. "Eu analisava o que realmente me incomodava e, então, me esforçava para mudar a situação."

Quando a entrevistei, Karina me contou que estava diante de mais uma desconstrução, o que obviamente lhe despertava certo medo. "Várias vezes, eu me senti perdida, sozinha, entre outros sentimentos que fazem parte do desapegar do velho para abrir espaço para o novo." Ela não deixa, porém, de sonhar; quer ver o filho feliz, lançar um livro, ajudar na construção de uma sociedade mais igualitária e harmônica com a natureza, viajar e viver uma linda história de amor.

Um dos segredos dessa mulher equilibrista é ter consciência da importância de cada fase da vida. "Há quinze anos, eu iniciei essa jornada de buscar o equilíbrio entre ser mãe, mulher e profissional. Ao refletir sobre as lições que aprendi, sobre o que me proporciona leveza e o que acredito ser importante compartilhar, posso recomendar:

1. Autoconhecimento e amor próprio, para buscar sempre a sua verdade, não a dos outros. Quanto mais feliz você for, mais poderá contribuir com a felicidade das pessoas ao seu redor.

2. Aceitação de erros, ainda mais quando eles ocorrem na tentativa de fazer o que achamos melhor. Nesse sentido, assumir o erro e se desculpar com os filhos, companheiro ou colegas, abre uma linda conexão e um caminho mais verdadeiro.
3. Compartilhamento de histórias com os filhos, permitindo que eles conheçam seus sonhos, saibam quem você realmente é e sintam abertura para conversar com você também.
4. Amor sempre com sabedoria, pois dizer sim é tão grande e importante quanto saber dizer não.
5. Gratidão e percepção de grandeza do momento presente. Percebo um grande número de pessoas vivendo no passado ou no futuro, sem curtir ou dar valor para a grande magia que é o momento presente."

07

Eu, Mulher Equilibrista: A Felicidade Construída com Escolhas Conscientes

A vida nos coloca diante de várias encruzilhadas, e Herivana Tramontin Ceni Paul sabe bem disso. Um dos seus maiores desafios surgiu quando tinha 30 anos e uma vida que todo mundo definiria como perfeita: um emprego em uma multinacional, uma linda bebê nos braços e um lar com o amor da sua vida, pai da sua filha. Até que uma notícia inesperada abalou essa estrutura: a empresa resolveu deslocar sua sede de Santa Catarina para São Paulo. A Heri coube, então, decidir entre desequilibrar um ou todos os pratinhos.

Formada em Química de Alimentos, ela já trabalhava há dez anos nessa multinacional, justamente na área que faz seu coração vibrar: o marketing. "Eu fui convidada a acompanhar o departamento, mas avaliei que a proposta não seria interessante, pois ficaríamos longe dos avós e dos amigos, que não poderiam conviver e participar do desenvolvimento da minha filha", contou-me. "Sabe as rotinas da criança, as apresentações na escola, as festas de aniversário? Enfim, perderíamos todas essas lembranças do crescimento que guardamos na memória e fazem a vida valer a pena."

Esse dilema não era óbvio para todo mundo. Mudar-se para uma metrópole, sem conexões, é um salto exponencial, que precisa não só ser bem planejado, mas também estar alinhado com os sonhos — não aqueles lá de trás, os do momento. É uma decisão que não impacta só uma pessoa, mas a família toda. "Algumas mulheres focam a carreira quando são jovens; outras já resolvem constituir família, enquanto muitas escolhem realizar os seus sonhos. Não existe uma receita — cada uma precisa encontrar a que a torne mais feliz."

Com serenidade e sabedoria, Heri pesou tudo o que deixaria para trás, ainda que temporariamente. "Ao escolher a maternidade, eu senti toda a felicidade de ser mãe ao mesmo tempo em que sofri silenciosamente pela pausa na minha carreira, pela perda dos contatos profissionais e das conversas de corredores, pela falta das viagens e convenções de vendas, e até do senso de me sentir 'útil' do ponto de vista profissional. Nesse momento, todo o foco e energia foram direcionados para a criação da família que era um sonho sendo realizado e, como tal, consome tempo, esforço e dedicação."

Ela teve que aprender a preservar sua paz de espírito, a confiar em si mesma e a ignorar os críticos da vida alheia. "Além do meu marido, recebi muito apoio dos meus pais e irmãos, mas alguns familiares e amigos não entendiam como eu podia abrir mão de uma carreira bem-sucedida para 'virar dona de casa'. Eu me senti, várias vezes, uma extraterrestre e fui em busca de ajuda para atravessar isso. Foram muitas noites de conversas com o meu marido, além de terapia, até conseguir lidar com isso de forma natural."

Heri não romantiza essa transição de executiva à mãe por tempo integral e deixa bem claro que há, como tudo na vida, pontos positivos e negativos. "A maternidade permite à mulher vivenciar todos os sentimentos simultaneamente. Entre os bons, e talvez o mais sublime de todos, gerar o maior e verdadeiro amor dentro de você. Por outro lado, há as noites em claro, as tentativas de amamentação, a luta para entender esse novo ser que chegou e a dedicação em tempo integral, de corpo e alma, e com tanto amor que, às vezes, terminamos em lágrimas, sem saber o que fazer. A cada fase, novos desafios, dúvidas, medos, alegrias e aflições. Somos, enfim, mães 24 horas por dia, sem direito a hora extra."

Quando Laura fez 3 anos, ela ensaiou uma volta ao mercado de trabalho. Passou a colaborar na área comercial e administrativa da empresa do marido em meio período. Ela define esse momento como "uma experiência gratificante", que uniu os dois mundos que coexistiam dentro dela, antes e após se tornar mãe. Esse último papel, porém, falou mais alto. A família ainda não estava completa. Lucas chegou para completar o quarteto, três anos depois. "São os amores da minha vida."

Para quem se vê diante de uma encruzilhada como essa, Heri tem um bom conselho. "Mantenha-se firme no seu sonho, pois ser mãe tem prazo de validade", diz ela, referindo-se não só ao período fértil da mulher, mas também ao crescimento dos filhos. "Nossos filhos serão crianças somente uma vez na vida; depois, serão adolescentes, jovens e adultos. Por que não poderia ficar com eles nessa linda fase da vida, que é quando mais precisam de mim? Afinal, como mãe, é meu papel cuidar do bem mais precioso da vida, que é a formação do caráter das futuras gerações."

Por isso, reforça que há tempo para tudo. "A carreira pode ser iniciada ou reiniciada a qualquer momento". Afirma isso com a propriedade e com a coragem de quem se prepara para voltar ao mercado de trabalho. A mesma serenidade e sabedoria de antes se faz presente agora, ao não menosprezar as barreiras pela frente. "É claro que manter-se empregável é um desafio, pois é inevitável que algumas competências importantes lá trás não sejam mais hoje. A forma como se fazia marketing há dez anos, por exemplo, é completamente diferente dos dias atuais. Há o desafio, também, de lidar com o preconceito de recrutadores que perguntam: o que você fez nos últimos anos? Quando você responde que se dedicou à família, que decidiu 'projetar, criar e desenvolver dois produtos importantíssimos', seus filhos, as pessoas entendem isso como um sinal de fraqueza. Julgam que toda mulher deveria simultaneamente trabalhar, criar filhos e alcançar seus sonhos."

É por isso que Heri insiste que não existe uma receita para se viver bem. Diz que enquanto os sonhos alimentam o seu dia a dia, os filhos a mantêm firme no seu propósito. "Quando vejo as atitudes respeitosas deles com outras pessoas, sei que todo o meu esforço valeu a pena. E que é possível, afinal, conciliar os pratinhos, ao longo da caminhada rumo à felicidade." Basta estar consciente, confiar em si e seguir as escolhas do seu coração.

COFFEE BREAK

Que tal fazer uma pausa para pensar sobre a sua vida?

1. O que ressoou em você durante o nosso papo sobre **rede de apoio**?

2. O que ressoou em você durante o nosso papo sobre **culpa**?

3. Após conhecer as histórias de Karina e Herivana, duas mulheres equilibristas, o que você ressaltaria sobre elas?

08

Vamos Conversar sobre Sonhos?

Era uma vez uma moça muito bonita, de traços delicados e gestos afetuosos, que ficou conhecida em Curitiba (PR) como "Parteirinha"[1]. Ela nasceu longe dali, em uma pequenina cidade do interior de Santa Catarina, chamada Forquilhinha, erguida pelo pai e por dois amigos. Digo erguida, porque, segundo ela, eles construíram tudo: os lares, a escola, a biblioteca pública, a igreja, a casa do padre e das irmãs[2].

Como os treze irmãos, essa moça cresceu na roça, acordando com os primeiros raios de sol e o canto do galo para ordenhar a vaca. A cada um dos filhos foi dado, desde cedo, responsabilidades na casa e na lavoura. Ela sempre nutriu lembranças deliciosas dessa fase — a liberdade extrema em meio à natureza, incluindo banhos de rio, ao lado de uma das irmãs.

Preocupado com a educação, o pai começou a comprar lotes de terra na capital paranaense, para onde acabou transferindo a família toda. Não era só um bom negócio, mas uma forma de eles se manterem unidos. Ela tinha, na época, 10 anos. Ler era um dos seus hobbies favoritos, assim como os esportes.

Provavelmente, foi assim que aprendeu a ter determinação e resiliência diante dos desafios.

Na adolescência, ela descobriu sua missão de vida ao acompanhar a mãe, uma parteira experiente, em seu ofício. Juntas elas recepcionaram muitas crianças nesse mundo. A "Parteirinha" logo se afeiçoou àquele trabalho de cuidado e amor, que lhe rendeu o primeiro apelido carinhoso que ganhou ao longo da vida.

Não foi tão fácil quanto pode parecer assumir a sua missão de vida. Precisou da ajuda dos irmãos, pois o pai, turrão, não queria deixá-la seguir seu caminho. Médica? Não. Advogada, talvez. Foi Paulo, o quinto dos treze irmãos, quem adocicou o ouvido do pai e lhe mostrou que as mulheres já estavam ocupando espaços inimagináveis no mundo. Só assim ganhou o aval para cursar Medicina na Universidade Federal do Paraná.

O amor poderia ser um entrave à sua missão. Quando conheceu aquele que se tornaria seu marido, ela ainda estava na faculdade. No entanto, deixou claro ao amado a importância de seguir o seu chamado e de realizar o seu sonho. Dizem que ela se casou com o professor Aloísio Bruno Neumann 39 dias após colocar a mão no diploma. Teve com ele cinco filhos e seguiu se aprimorando na profissão, sempre com o apoio do amado.

Além de pediatra, tornou-se sanitarista, com grande experiência em saúde pública. Permaneceram casados por quase vinte anos[3] e essa história só foi interrompida, porque o marido, ainda jovem, afogou-se ao tentar resgatar uma pessoa no mar. Na época, o filho mais velho tinha 14 anos; o mais novo, apenas 4 anos[4]. Um baque e tanto para qualquer mulher.

Como ela sobreviveu? Reorganizando a vida e reequilibrando os pratinhos. Teve também ajuda da família e de duas empregadas. Criou estratégias próprias também — como um conselho entre os filhos, uma forma de auto-organização do sistema familiar para aumentar a autonomia deles e tornar as decisões mais democráticas.

Cinco anos depois, ela recebeu uma ligação do irmão, apresentando-lhe um projeto ambicioso. Naquele mesmo dia, ela reuniu os filhos em torno da mesa e contou que passaria a noite em claro para desenhar um projeto capaz de "salvar milhões de crianças no Brasil e no mundo"[5]. Era mais um chamado da vida, alinhado a um desejo do seu coração e destinado a uma causa muito maior.

Fundada em 1983, a Pastoral da Criança tornou-se referência mundial no combate à desnutrição e mortalidade infantil. O projeto, ligado à CNBB, nasceu em Florestópolis (PR) e se espalhou por outras cidades e estados brasileiros, além de países da África, Ásia, América Latina e Caribe[6].

É claro que, a essa altura, você já sabe que estou falando de Zilda Arns Neumann[7], que recebeu das mãos do Rei Juan Carlos, da Espanha, em 2006, o prêmio homônimo de direitos humanos. Quatro anos antes, foi reconhecida também como "Heroína das Américas" pela Organização Pan-Americana de Saúde. Essas são somente duas das muitas homenagens e premiações concedidas àquela que também fundou a Pastoral da Pessoa Idosa, voltada a "assegurar a dignidade e a valorização integral" desse público[8].

Tanto na vida pessoal, quanto na profissional, Zilda enfrentou os desafios com serenidade, sabedoria e alegria. Católica fervorosa, apoiava-se na sua fé para seguir sempre adiante. Nunca falou em feminismo, tampouco em empoderamento. Personificava, porém, muito desses ideais. Era corajosa, altruísta, resiliente e valente. Lutava pela igualdade e, principalmente, pela vida. Não media esforços pelo seu objetivo — sempre muito maior que ela mesma.

Durante muitos anos, a sede da Pastoral foi em sua casa, que também servia como consultório[9]. Zilda mexeu com tabus, derrubou mitos e ousou pisar em terrenos que ninguém, nem mesmo o Estado, se sentia confortável. Carregou no colo crianças nascidas e criadas em zonas de prostituição e em favelas. Transformou muitas mulheres da vida e do tráfico em agentes de transformação social, porque era esse o seu papel e era assim que ela enxergava as mulheres.

"O papel da mulher é essencial. Em primeiro lugar, porque ela tem a primeira infância (de 0 a 6 anos) nas mãos, e primeira infância é a base da estruturação da vida de uma pessoa. Em segundo lugar, porque a mulher tem uma visão difusa. Ela tem uma visão social coletiva, enxerga a necessidade da oportunidade para todos. As mulheres são mais firmes nas políticas públicas, lutam por elas, se atiram. Já os homens são cautelosos. Para ilustrar, temos mais de 270 mil voluntários na Pastoral da Criança só no Brasil. Destes, 92% são mulheres. Elas interferem na comunidade e se sentem bem atuando como voluntárias. Se nós educamos uma mulher, educamos gerações inteiras. E hoje temos pesquisas que demonstram que, quando a mulher é analfabeta, a mortalidade infantil é de 90 por 1000. Se ela tiver até quatro anos de ensino, a taxa já diminui para

70 por 1000 e assim por diante. A educação da mulher, portanto, é capaz de transformar não só a vida dela, mas a da família. A mulher tem o poder de melhorar os indicadores sociais do Brasil."

Zilda Arns, médica pediatra e sanitarista[10]

Era dessa forma, segundo a *Época Negócios*, que ela enxergava a mulher do século XXI — transformando-se para transformar. Nunca excluiu ninguém da sua jornada — tanto é que o filho Nelson[11] se mantém hoje à frente da Pastoral, como coordenador internacional da organização. "Antes, quando era criança, tinha uma rede de postos de saúde em Curitiba que ela coordenava e, nas nossas férias, ela nos colocava junto no carro e ia ao clube de mães e às palestras que ela dava. Ela sempre fez muita questão de envolver a gente no dia a dia dela. Isso continuou sempre", contou certa vez em uma entrevista[12].

Assim como aconteceu com Zilda, os sonhos de muitas mulheres equilibristas estão alinhados à carreira. Elas começam cedo a visualizar onde querem chegar, o que querem realizar ou quem querem se tornar. Muitos sonhos também estão ligados à maternidade e a constituir uma família. Há quem, ainda, prefira se entregar a um convite do mundo para desbravar o desconhecido e fincar sua bandeira nos mais diferentes cantos do planeta — explorando desde os roteiros mais tradicionais e não menos exuberantes, como Itália, França e Estados Unidos, a outros mais exóticos, como Indonésia, Tailândia e Índia. É claro que bens materiais, como um carro seguro, uma bela casa na cidade, um sítio no campo ou um apartamento à beira mar, também são mencionados, mas com uma frequência bem menor.

> "O sonho tem uma diferença básica em relação à fantasia: ele é um projeto que pretende ser trazido à vida em algum momento. Ele trabalha com a imaginação e projeta, em algum momento, nascer em nossa vida, gerar uma realidade na nossa vida. A fantasia se realiza em si mesma. A pessoa se realiza em um plano de imaginação como forma de substituir a sua frustração por não poder realizar aquilo que gostaria em vida."
>
> **Lúcia Helena Galvão**, professora de filosofia[13]

Quis deixar bem clara a diferença entre sonho e fantasia para reforçar, desde o início, a importância dessa conversa. A professora Lúcia Helena, que há mais de trinta anos atua na Nova Acrópole, uma escola internacional de filosofia, reforça que, sob esse olhar, os sonhos estão mais ligados ao *ser*, não ao *fazer* ou ao *ter*. "O produto final da vida do homem é sempre ele mesmo e o sonho se projeta nessa esfera — aonde eu quero chegar com tudo isso, quais são os elementos que eu quero realizar em mim, quais são os elementos que quero limar e eliminar", explicou a filósofa em palestra sobre o tema[14].

Para ela, se não realizamos os nossos sonhos, é porque simplesmente não os temos. "Por que não realizei o meu projeto de ter um carro novo? Por que não realizei o meu projeto de ser promovido no trabalho? Por que não realizei o meu projeto de viajar para a Europa? Eu vou te dizer: talvez porque não tenha sonhos. (...) Cada vez que você se capacita como ser humano, como diz lá a frase bíblica, tudo mais lhe será dado por acréscimo."[15]

É por isso que quero chamar sua atenção, nesse primeiro momento, para um ponto muito importante que as mulheres equilibristas me ensinaram em relação aos sonhos e que pode ser resumido em uma palavra: **AUTOCUIDADO**.

Quer saber como não chegar ao fim da vida sem realizar os seus sonhos?

Autocuidado.

Quer saber como equilibrar todos os pratinhos e todos os papéis que precisamos desempenhar todo santo dia?

Autocuidado.

Quer saber como não pirar?

Autocuidado.

Nos laboratórios, faço uma brincadeira com as instruções básicas de segurança do avião. Funciona assim:

> ***Senhores passageiros, por favor, mantenham os cintos afivelados durante todo o voo.***
>
> Tradução: em primeiro lugar, ao acordar, todos os dias, centre-se. Retorne para si mesma. Lembre-se de quem é. Esteja aqui. Desperte.
>
> ***Em casos de despressurização da cabine,***
>
> ou seja, quando seu mundo estiver prestes a desmoronar e a tensão subir às alturas...
>
> ***máscaras de oxigênio cairão automaticamente.***
>
> ...não se esqueça de respirar. Encha os pulmões e solte o ar. Mais de uma vez. Ainda que nunca nos esqueçamos de executar essa ação vital, normalmente prestamos pouca atenção nela. Mal lhe damos valor, ainda que vários estudos apontem que a respiração não só nos mantém vivas, como também serve de remédio para o nosso corpo e para a nossa alma. É capaz de atenuar o estresse e até a depressão, além de eliminar toxinas e alavancar o bem-estar. É autocuidado.

> ***Puxe uma das máscaras, coloque-a sobre o nariz e a boca ajustando o elástico em volta da cabeça. Respire normalmente, antes de auxiliar a criança ou a pessoa ao seu lado.***
> Sem zelar por você, é impossível cuidar de alguém ou de qualquer outra coisa, seja sua carreira ou um projeto que lhe seja importante. Tudo começa em você e com você: respirar, zelar, respeitar, perdoar, agradar e amar.

Leia esse trecho de novo. Eu mesma, que viajo muito, de norte a sul do país, confesso que estranhei a mensagem das companhias aéreas. Demorei a entender, mais do que a lógica por trás, a força dessa mensagem.

Questione-se:

Como posso cuidar de alguém se não me cuido?

Como posso amar alguém se não me amo?

Como posso respeitar alguém se não me respeito?

Como posso doar meu tempo a alguém, se não doo a mim mesma?

Como posso equilibrar todos os pratos se não me nutrir e não estiver bem?

É exatamente por isso que o autocuidado é tão importante. As mulheres equilibristas possuem práticas diárias, tais como:

- meditação (guiada ou de respiração);
- oração (terço ou conversa aberta com Deus);e
- reverência aos antepassados.

Zilda Arns, como já comentei, herdou o catolicismo da sua família e se manteve praticante nessa religião até o fim de sua vida. Quando os filhos eram crianças, ela recomendava três Ave-Marias para que lhes fosse concedida uma boa morte. Luiza Trajano e Ana Maria Braga, conhecidas como devotas católicas, encontraram também nesse caminho o espaço necessário para se centrar. Muitas das mulheres que entrevistei tinham um pequeno altar em casa para tais práticas.

Há, porém, muitas outras formas de se conectar — seja com uma força superior ou consigo mesma.

> "Correr a meia maratona (...) é meu momento de meditação, de me preparar para a vida de mãe, esposa e profissional".
>
> **Claudia Woods**, diretora geral da Uber[16]

Muitas mulheres equilibristas reservam espaço na agenda para se dedicar a algo que lhes dê prazer — pode ser um esporte; pode ser um hobby, como jardinagem ou alguma arte específica; pode ser algumas horas no salão de cabeleireiro; ou ainda um momento especial, dentro da própria casa. Sabe aquele sentimento de paz interior quando você prepara uma comida gostosa enquanto toma uma taça de vinho e dança sozinha na cozinha com aquela música que faz seu coração vibrar? Ou então aquela conexão sobrenatural que sente com o Universo quando dá um mergulho no mar ou assiste ao pôr do sol?

Nunca me esqueci de uma mulher equilibrista que me contou que, assim como o filho tinha a hora do banho, ela também se deu esse direito. Era esse o presente que dava a si mesma — um ritual simples, mas que desintoxicava sua mente e deixava seu coração leve. Com determinação e amor, ela olhava para o filho e dizia: "Agora a mamãe vai tomar banho. Volto logo."

Nesse momento, o pai, a babá ou um familiar assumiam os cuidados da criança enquanto ela se dava um banho de amor. #Plenitude define totalmente esse momento de autocuidado. Bem diferentemente de mim, confesso, que me atirava debaixo do chuveiro e, no minuto seguinte, já estava me secando, sem tirar os olhos do carrinho do bebê. *Para que incomodar alguém?*, pensava. *Eu dou conta.* #SíndromedeSupermulher também define esse momento. Quem nunca? (Eu sei, se você ainda não é mãe, talvez isso tudo pareça exagero, mas, acredite, não é.)

Note bem: não estou dizendo que o autocuidado extingue medos e inseguranças diante das tarefas e desafios do dia a dia. Acontece que, ao se priorizar ou ao criar momentos só seus, as mulheres equilibristas se fortalecem para lidar com os desafios. Elas aperfeiçoam um músculo essencial para prosperar na vida. Não tem nada a ver com levantar ferro ou repetir exaustivamente séries. Sabe do que estou falando?

Da resiliência. "Todos temos necessidades. Quando elas não são satisfeitas, é natural que nosso bem-estar diminua e experimentemos estresse, preocupação, frustração e mágoa. À medida que nos tornamos mais resilientes, passamos a ter uma capacidade maior de satisfazer às nossas necessidades diante dos desafios da vida — e o resultado disso é um bem-estar maior", explicam os autores de *O poder da resiliência*, Rick e Forrest Hanson[17].

Tanto a resiliência, quanto o autocuidado estão intimamente ligados à inteligência emocional. Esse é um tema que me fascina tanto que me inscrevi em um curso com Daniel Goleman, psicólogo renomado e um dos principais especialistas no assunto. Ele define inteligência emocional da seguinte forma: é "a capacidade de reconhecer os seus próprios sentimentos e o dos outros, de gerenciar suas emoções e de interagir efetivamente com os outros"[18].

Basicamente, ela é um superpoder, composto por quatro elementos[19] que, na minha opinião, são facilmente reconhecidos nas mulheres:

- Autoconsciência, que pode ser entendida como consciência das próprias emoções;
- Autogestão, ligada ao controle emocional, adaptabilidade, orientação à realização e perspectiva positiva;
- Consciência social, ou seja, empatia e consciência organizacional; e

- Gestão de relacionamentos, que se refere à capacidade de gerenciar conflitos, de ter influência, de ser coach e mentora, de trabalhar em equipe e de ser uma liderança inspiracional.

Concorda comigo?

Meu intuito aqui não é atiçar uma competição entre gêneros — pelo contrário, quem me conhece sabe que amo ver homens e mulheres lado a lado. O próprio Goleman esclareceu essa questão, ao reforçar que ambos os sexos são dotados da mesma capacidade. O que acontece é que nós, mulheres, trabalhamos naturalmente muitas dessas competências desde cedo, à mais tenra idade. É inegável que nós, por exemplo, aprendemos a reconhecer as nossas emoções e como controlá-las mais do que os homens, cobrados desde crianças a não chorar ou a não sentir dor. Nós também desenvolvemos uma visão mais holística do todo, e estamos sempre procurando uma forma de harmonizar o ambiente. É algo intuitivo e contagiante. O que ainda não fizemos foi reconhecer totalmente nossa força, o nosso potencial e o nosso brilho. Somos tão competentes quanto os homens e, por isso, merecemos estar ao lado deles nas famílias, nas empresas, na política e onde mais quisermos.

Durante um treinamento de "Liderança Inspiradora", tive uma experiência em Manaus (AM) que foi inesquecível. Conheci um executivo brasileiro de uma multinacional japonesa muito bem-humorado. Ele fazia piadas e brincadeiras o tempo todo. Chegou a me pedir para liberar a turma mais cedo para ver o jogo do Flamengo. Olha a saia justa!

Confesso, fiquei ressabiada se esse comportamento dele não era negativo. Fiquei receosa de dizer não ao pedido e "perder" o grupo todo. Cheguei a me questionar se isso não comprometeria até a minha entrega. Sabe o que me salvou?

A adaptabilidade, um elemento da inteligência emocional. Antes de dar uma resposta, pedi uns minutos, reavaliei o plano de ensino e ajustei a proposta de uma forma que os objetivos fossem atingidos. Não só a turma foi liberada em tempo de ver o jogo, como também o resultado foi excelente. Todo mundo se entregou e se divertiu — inclusive eu.

E isso me faz lembrar novamente de Goleman, para quem humor é fundamental, pois impacta diretamente no resultado. A postura ou perspectiva positiva diante da vida ou das situações, ainda que adversas, é outro elemento da inteligência emocional. E mais: é capaz de alavancar a colaboração e a entrega. Tudo flui mais fácil. Quem já trabalhou com chefe ou colega carrancudo sabe do que estou falando.

Por isso, insisto que o autocuidado é uma forma, também, de lidar com algo de que falamos no capítulo anterior: a culpa. As mulheres equilibristas conseguem se priorizar sem tensão, arrependimento ou lamentação, porque sabem que, quando elas estão bem, todo o resto vai bem. E pode colocar nesse pacote a saúde, a família, a criatividade, o trabalho etc.

Acredite: o dia delas não tem mais de 24 horas. É exatamente igual ao meu e ao seu. Elas aprenderam a gerenciar o tempo e a não abrir mão do que é importante para se manter bem. Não deixam, por exemplo, de colocar na agenda 30 ou 60 minutos de exercícios físicos por dia, ainda que tenham que levantar mais cedo para isso. Elas planejam, monitoram, delegam, priorizam, adaptam e dizem aquela palavrinha tão incômoda: o *não*. No começo, é sofrido; com o tempo, entendem que esse *não* é um *sim* para elas mesmas.

Dentro do autocuidado, cabe fazer também aquela investigação amorosa sobre o seu sistema de crenças, padrões, comportamentos e atitudes que rege a vida e tem influência no bem-estar. Eu, por exemplo, me senti muitas vezes perdida e sozinha. Tinha a minha rede de apoio, mas também me sentia insegura cada vez que tinha que deixar o meu filho aos cuidados de outra pessoa — principalmente do pai dele. Nada deixava meu coração tranquilo. E se o pai se esquecesse de dar o remédio? E se perdesse alguma atividade importante para o desenvolvimento do Matheus?

Foi um processo longo e doloroso, no qual tive que abrir o coração e a mente, além de descobrir e ressignificar crenças para entender que o pai dele tem tanta responsabilidade, direito, poder e amor quanto a mãe. Nós só temos formas diferentes de lidar e expressar cuidados e amor. Embora me sinta mais confiante com o meu jeito ou com o meu olhar para essas questões, isso não quer dizer que o dele esteja errado e, principalmente, que vá prejudicar o desenvolvimento do nosso filho.

Para conseguir virar essa página e criar uma nova história, fui à terapia, participei de constelações familiares, conversei com mulheres equilibristas e investi em leituras, como *A inaceitável ausência do pai*[20]. Só assim compreendi que precisava "dividir" meu filho e que tudo ficaria bem. Precisei me desapegar dos meus medos e dores para fazer o melhor pelo Matheus. Tive que cuidar de mim para cuidar realmente dele. Esse foi um passo importante para aceitar a guarda compartilhada, o que ocorreu somente quando ele tinha 8 anos. Entendi, então, que o mais importante de tudo era o meu filho amar o pai, um vínculo importantíssimo no desenvolvimento de todo e qualquer ser humano.

Note que essa nunca é uma jornada de mão única. Eu, que já rezava, passei a meditar e a adotar posturas diferentes diante de determinadas situações. Eu ainda tenho que me vigiar, mas já consigo, por exemplo, me servir antes de servi-lo ou me vestir antes de auxiliá-lo em algo. Não me critico mais nem me sinto reprovada como mãe por não sair correndo quando ele me chama, quando tem uma dúvida ou quando precisa de algo. Estou, enfim, exercendo o papel que me cabe: o da mãe que educa.

Só assim ele entenderá que não terá tudo sempre que quiser, que as pessoas ao seu redor não estão sempre prontas para servi-lo (especialmente as mulheres) e, o mais importante, que ele tem capacidade de pensar e de fazer muitas coisas sozinho. Com muito amor, estou desenvolvendo sua autonomia e pensamento crítico, entre outras *soft skills*. Acima de tudo, estou deixando que ele desenvolva as competências necessárias para se tornar o protagonista da própria vida.

Muitos homens foram criados acreditando que algumas tarefas, principalmente as do lar, são específicas das mulheres. Muitas meninas crescem acreditando que não são boas em Matemática e Ciências, disciplinas que os homens "teriam" mais facilidade que as mulheres. Essas são crenças ardilosas, antigas, que se infiltram em nossa mente de tal forma que nem reparamos que as reproduzimos no nosso dia a dia. E, assim, passamos a desestimular ou até a impedir que homens e meninos adotem ações, hábitos e comportamentos dos quais nos ressentimos e que poderiam melhorar nossa vida.

No que tange ao cérebro humano, homens e mulheres têm diferenças sim. Fã de Psicologia e de Neurociência, sempre li muito sobre o assunto e um dos livros que mais me fascinou foi *Mulheres sob todas as luzes*[21], de Patrícia Rocha, no qual ela discorre sobre como nós passamos a ser mais observadas somente a partir do século XX, quando mulheres ricas e poderosas financiaram estudos específicos.

Só assim foi possível deixar de lado "achismos" para entender efetivamente e de forma positiva as diferenças entre homens e mulheres. Descobriu-se, por exemplo, que o cérebro masculino é 15% maior e 10% mais pesado, porém, no feminino, há mais sinapses e comunicação entre os hemisférios. Não é à toa que somos mais complexas.

Nós, mulheres, possuímos, de forma geral, visão periférica melhor, assim como audição e olfato mais apurados, enquanto eles enxergam melhor à distância e têm uma habilidade motora-espacial melhor. Ah! Nosso paladar é mais aguçado para doces, enquanto o deles, para salgados e amargos.

A Ciência também explica por que enxergamos as situações em um contexto mais amplo, memorizamos detalhes com mais facilidade e desenvolvemos melhor a linguagem verbal, enquanto eles focam a atenção em uma única questão e empenham-se em realizá-la. Nós somos, realmente, mais empáticas, o que nos ajuda na socialização, em identificar emoções alheias e a buscar a harmonia e a igualdade; já eles têm mais facilidade em lidar com a competição e com correr riscos. É por isso que sempre procuram se impor primeiro pela força física.

Nós, de acordo com a pesquisa da Patrícia, temos mais tendência à depressão e osteoporose, enquanto eles, ao infarto do miocárdio. Você já sabe que nós vivemos mais — de acordo com o último levantamento (2018) do IBGE, a expectativa de vida deles é de 72,8 anos e a nossa de 79,9[22].

O que eu gostaria que entendesse é que, mesmo quando os níveis de inteligência são parecidos, mulheres e homens superam desafios cognitivos de forma diferente. E isso é muito positivo, pois amplia a possibilidade e o impacto da colaboração e da complementariedade. Torço que saibamos respeitar e aproveitar essas diferenças em todos os meios e ambientes. Por isso, reforço que um dos maiores atos de autocuidado que você pode realizar é dizer ao seu companheiro, a seu(sua) filho(a) ou a qualquer outra pessoa do seu convívio: "Eu preciso de ajuda." Sem drama, sem justificativa, sem imposição. Uma simples frase, dita de forma honesta.

Eu passei a fazer isso dentro de casa. Coloquei-me o desafio de descobrir a minha necessidade e a expressá-la, ainda que da forma mais simples possível. Passei a disparar:

Vamos ao mercado comigo?

Pode fazer uma massagem nos meus ombros?

Eu cozinhei hoje. Que tal você lavar?

Filhão, agora não posso. Consegue me esperar por 30 minutos?

> "O ser humano gosta de colaborar com outros, desde que não seja obrigado a fazê-lo. Por isso, é importante aprendermos todos a criar ambientes e condições que favoreçam a colaboração em vez de querer controlar as pessoas para que elas colaborem."
>
> **Carolina Nalon**, mediadora de conflitos e especialista em Comunicação Não Violenta[23]

Acredito que, todos os dias, nos é dada a chance de aprender a dosar um pouquinho mais o amor que reservamos a nós mesmas. Quando levanto esses temas nos laboratórios, inevitavelmente muitas mulheres vão às lágrimas ou soltam gargalhadas ao se identificarem com as histórias partilhadas.

Muitas vezes, eu vou para casa pensando em um relato que, de alguma forma, me impactou — e se me impactou, ele provoca uma transformação em mim, pois passo a ver a situação de outra forma, arrumo espaço dentro de mim para aquele sentimento remexido e, quando o coloco para fora, é de outra maneira.

O contrário também acontece. Certa vez, após uma palestra em Imbituba (SC), recebi o feedback de uma fotógrafa de que o meu conteúdo tinha conseguido tocar delicadamente nas suas feridas, e que ela tinha entendido que o mundo só mudaria se ela fizesse isso primeiro. Repito: não é egoísmo se colocar em primeiro lugar, não é soberba; é autoamor, é autocuidado.

As mulheres equilibristas sabem da importância de se amar — e isso a gente faz não só cuidando do visual, mas também zelando pelo sono e até pelo tempo de ócio. Na lista do autocuidado entra tudo que nos faz bem, que nos traz equilíbrio e que nos faz sentir vivas.

Sei o que você está pensando: "Adri, isso é lindo, mas e se der errado? O que eu faço? A que eu me apego?"

Apegue-se à sua fé — não no sentido predominante de religião, mas de conexão a uma Força Suprema em que você acredita, que existe dentro de você, com a sua essência. O ser humano tem necessidade de transcender para ser feliz — e isso ficou muito visível nas mulheres equilibristas. Elas cuidavam de si como dos outros. Não faziam aos outros o que não queriam para si. Suas ações e comportamentos estavam centrados em valores sólidos de Amor — por si e pelos outros. Elas vivem o agora — de corpo, mente e coração —, e é nesse agora que elas nutrem seus sonhos. Não importa o tamanho da ação — cada passo é um tijolinho a mais na construção, um motivo a mais para celebrar a vida.

Como recomendo nos laboratórios, se tiver que guardar e processar uma única informação de tudo que disse, é isto: seja você mesma, valorize-se, ame-se aqui e agora. Se puder inserir um mantra em sua rotina, que seja este:

EU SOU AMOR,
EU MEREÇO TER AMOR,
EU MEREÇO ME DAR AMOR.

> "A única coisa que havia de errado comigo era minha crença de que havia algo errado comigo. Eu parei de passar a vida tentando me controlar e comecei a confiar em mim. Nós podemos nos controlar ou amar a nós mesmos, mas não podemos fazer as duas coisas. O amor é o oposto do controle. O amor exige confiança... O que o mundo precisa é de mais mulheres que deixaram de temer a si mesmas. O que o mundo precisa é de massas de mulheres totalmente fora de controle."
>
> **Glennon Doyle**, escritora[24]

Quando aquele terremoto de 7.0 graus na escala Richter atingiu o Haiti, causando mais de 300 mil mortes[25], Zilda estava na igreja, onde proferiu uma palestra. Era janeiro, período em que costumava tirar férias. Em 2010, ela abriu uma exceção, pois não queria adiar esse compromisso, em um país já fortemente abalado pela miséria. Ela tinha o sonho de salvar mais crianças da desnutrição e da morte. E sabia que tinha condições de ajudar.

Dez anos depois, o coração ainda dói ao pensar que perdemos essa mulher fantástica, mas o consolo vem de sua família, que, provavelmente, aprendeu com ela a "olhar sempre o lado positivo das coisas"[26]. Em diversas oportunidades, tanto o irmão, quanto os filhos e netos, comentaram que ela morreu como queria. A médica sempre disse que seu fim não poderia ser em uma cama, mas de pé, trabalhando. E essa é, certamente, outra herança que ela deixou. De um sonho altruísta e coletivo que ousou realizar, a "Madre Teresa brasileira", outro apelido que ganhou, ela construiu um **LEGADO** muito além daquele que projetou.

O mesmo vale para uma menina marrenta de Dois Riachos, no sertão do Alagoas, que adorava fugir para o campo de futebol. Ela não queria bonecas como as outras meninas; sonhava em ganhar uma bola e uma chuteira. A família tentou afastá-la do campinho, mas não houve jeito. Não se importava em apanhar nem se incomodava com as zombarias. Ela queria jogar futebol. Esse era o seu sonho[27].

Marta Vieira da Silva encontrou várias barreiras pelo caminho — quando era menina foi proibida de participar de um torneio. No dia, baixou uma regra nova que a deixou no banco. Aos 14 anos, partiu sozinha para o Rio de Janeiro, encarando uma viagem de três dias dentro de um ônibus, para disputar uma vaga no time feminino do Vasco da Gama. Até se tornar a rainha do futebol, eleita seis vezes pela FIFA a melhor jogadora do mundo[28], mais do que Cristiano Ronaldo, Zinédine Zidane e Ronaldo, ela teve que driblar muitos desafios.

Em 2019, ela quebrou mais um recorde: tornou-se a maior goleadora da história da Copa do Mundo, tanto no masculino, quanto no feminino, superando o alemão Klose, com dezessete gols. Você não entendeu errado: ela atingiu uma marca que nenhum outro homem no planeta foi capaz. Nesse momento, ela demostrou a mesma serenidade e humildade de sempre — limitou-se a dizer que o resultado era fruto de um trabalho feito com muito amor e dedicação[29].

> "Chore no começo para sorrir no fim."
>
> **Marta**, jogadora[30]

Para mim, chegar ao final com um sorriso estampado no rosto é ter a certeza de que a sua vida não foi em vão. Desde cedo, eu sempre tive um senso de legado. Sempre me questionei: com o que eu estou contribuindo?

Já parou para pensar o que você veio fazer na Terra? A minha amiga Maria Augusta Orofino, referência em Design Thinking e Metodologias Ágeis no Brasil, tem a resposta na ponta da língua: "Eu não vim a este mundo para pouco." Eu acredito que nenhuma de nós veio, e é por isso que os sonhos são tão importantes.

O psiquiatra Augusto Cury, de quem tive a honra de ser aluna, costuma dizer que "os sonhos nos controlam porque são projetos de vida. Como eu disse, mesmo quando as pessoas nos criticam, debocham, nos excluem, esses sonhos não morrem — podem cortá-los, mas eles brotam do cerne da nossa alma, porque são plataformas lights no córtex cerebral que nos motivam, nos animam e nos inspiram."[31]

O sonho nos ajuda a imprimir nossa assinatura do mundo. É um convite para construirmos um legado e deixarmos uma marca na vida das pessoas. Nem todo mundo tem uma missão tão clara quanto Zilda, que descobriu sua vocação ainda menina. Muitos sonhos brotam de pequenas ações e atitudes do dia a dia — uma oportunidade de ajudar, de se desenvolver, de criar.

Percebi que muitas mulheres equilibristas não se importavam em ser lembradas nem se enfezavam se estavam sendo imitadas ou criticadas. Elas só queriam fazer o que acreditavam ser necessário, produtivo e positivo. Em alguns casos, o público-alvo era a família; em outros, os colegas ou os funcionários das empresas que lideravam; ou, ainda, a comunidade da qual faziam parte. Elas eram movidas por uma entrega espontânea e afetuosa. Quando isso acontece, como demonstra o exemplo de Zilda e de Marta, o impacto é bem maior do que o imaginado — supera o indivíduo, supera o seu sonho, torna-se exponencial.

Talvez você não saiba, mas o grande legado de Alice Kuerten vai muito além do maior tenista da história do Brasil. Falo isso com propriedade, porque tive a chance de conhecer essa mulher pessoalmente. Fui coautora de um livro chamado *Mulheres em ação: Notáveis empreendedoras em Santa Catarina*, lançado pela Editora Pandion e organizado por Édis Mafra Lapolli, Ana Maria B. Franzoni e Antônio Marcos Feliciano.

Assim que nos sentamos para conversar, Alice me mostrou a força da simplicidade. Na adolescência, ela trabalhou em troca de um prato de comida. Casou-se e teve três filhos, que criou sozinha após o falecimento do marido. Nenhum deles nasceu em berço esplêndido, mas esse não era um argumento forte o suficiente para fazer com que ela e o filho desistissem da paixão que ele tinha por um esporte de elite. Ela se desdobrou para conseguir patrocínio, aprendeu sozinha a escrever projetos e foi atrás de recursos para que o filho, Gustavo, pudesse se dedicar ao seu sonho.

Voluntária por paixão e assistente social por profissão, ela não deu sua missão por vencida ao ver o filho levantar títulos. Montou o Instituto Guga Kuerten, associação civil sem fins lucrativos, cujo objetivo é "garantir oportunidades de inclusão social para crianças, adolescentes e pessoas com deficiência"[32]. A vontade surgiu da sua própria experiência, já que teve um filho com paralisia cerebral, e da sua infinita vontade de fazer diferença na vida das pessoas.

Como as outras mulheres equilibristas, Alice tem a ideia, acende o pavio e mobiliza as pessoas ao seu redor para conquistar o objetivo em questão. A vivacidade, a paixão e a determinação são vírus poderosos, capazes de contagiar muita gente. Com muito amor e dedicação, Alice, os filhos, funcionários e voluntários já quebraram muitas barreiras, inclusive de preconceito, e decidiram utilizar a influência e o carisma de Guga para promover a transformação social.

> "Eu, pessoalmente, voluntária desde os 14 anos de idade, sempre gostei desse trabalho e achei que era muito importante a gente dividir o que tinha — seja em conhecimento, seja em ganhos."
>
> **Alice Kuerten**, assistente social[33]

Esse posicionamento da mãe de Guga, de querer empregar o que conquistou em benefício da comunidade da qual faz parte, é muito comum entre as mulheres equilibristas. Como afirmei anteriormente, elas não buscam reconhecimento, mas querem perpetuar o trabalho. É altruísmo, é humildade e é, acima de tudo, paixão pelo que fazem.

Foi o que aconteceu também com uma menina de Bagé (RS), que, sem influência ou conexões importantes, mas com muito estudo e dedicação, se tornou a primeira mulher a presidir o Tribunal Superior do Trabalho (TST). Mãe de um filho e avó de dois netos, Maria Cristina Peduzzi trabalhou mais de duas décadas como advogada antes de passar o mesmo período como ministra do TST. Ao ser eleita uma das "mulheres mais poderosas do Brasil" pela *Revista Forbes*, afirmou à publicação[34]: "Chegou a hora de retribuir à sociedade aquilo que ela me deu: a confiança e a distinção de integrar um tribunal superior e o Poder Judiciário do país."

Hoje, com o acesso à informação que temos, ficou mais fácil perceber que nós, mulheres, começamos a escrever nosso nome na história há milênios. Já citei várias heroínas ao longo deste livro, e elas são apenas uma pequena amostra de um time que deve ser sempre lembrado. Maria, Cleópatra, Irmã Dulce, Cora Coralina, Joana D'Arc, Anita Garibaldi, Lady Di, Malala Yousafzai, Marie Curie, Marion Donovan, Amélia Earhart e Maria da Penha...

Quer uma boa notícia?

Todos os dias surge um novo nome. Todos os dias somos lembradas de como podemos influenciar positivamente o mundo. A população feminina não é maior do que a masculina no mundo, mas não tenha dúvidas de até onde podemos chegar e do que podemos fazer.

> "Devemos nos inspirar nas mulheres que estão à nossa volta."
>
> **Juliana Estradioto**, cientista[35]

Esse é um dos nomes que você pode colocar na sua lista de mulheres a serem acompanhadas. No Ensino Médio, Juliana já criava plástico a partir da casca do maracujá. Dá para imaginar?

De lá para cá, e nem faz muito tempo assim, essa jovem poderosa já acumulou prêmios e reconhecimentos que lhe conferiram uma viagem à Suécia para acompanhar a cerimônia do Prêmio Nobel *in loco*. E veja só, até batizaram um asteroide com o nome dela.

Quando se depara com uma barreira, Juliana parece enxergá-la como o que é: um obstáculo. Nada mais que isso. Ela tem um senso de coletivo único, a ponto de ter criado uma rede para incentivar outras meninas e mulheres aficionadas por laboratório. Sim, existem muitas, e precisamos falar mais delas. Duas se tornaram célebres e escreveram seus nomes no livro da história da humanidade ao sequenciar o genoma do Covid-19. Estou falando de Jaqueline de Jesus e Ester Sabino, duas cientistas da Universidade de São Paulo.

Como Juliana bem lembrou, não podemos nos esquecer de reconhecer e reverenciar as mulheres ao nosso redor. Em entrevista ao *El País Brasil*, a jovem cientista reconheceu a importância da sua mãe e de uma professora do Ensino Médio na sua trajetória.

E preste atenção no que vou dizer a seguir: um legado não é construído somente ao liderar um projeto inovador, uma empresa ou um país. Ele é construído também dentro de casa. Foi o que aprendi com Núvia Loch, uma gaúcha, nascida no interior do estado e que nunca apareceu em capa de revista. Tinha as mãos marcadas pela roça e pelo trabalho do lar, ao qual se dedicou integramente. Humilde e quieta, ela fazia muito mais do que falava e dificilmente se queixava.

Seu sonho era cuidar — e fez isso com primor. Criou as filhas, ajudou a cuidar das netas e expressou seu amor principalmente na comida e na atenção que dedicava a qualquer um que estivesse debaixo do seu teto. Nos almoços de família, não só em datas especiais, ela sempre preparava uma sobremesa. Era tradição.

Quando uma doença grave roubou a vida de Núvia, o seu tamanho ficou ainda mais visível dentro daquele círculo familiar. O silêncio eterno tornou-se um barulho doído de saudade. A família ainda se reúne no Natal, e a sobremesa da Tia "Núvia", como a chamávamos, continua sendo servida, agora preparada pelas filhas, que decidiram manter viva a tradição. Essa doce união é o legado que ela semeou sem alarde em vida.

Minha tia partiu no ano em que lancei o meu laboratório, e sempre fiz questão de homenageá-la. Essa é a minha forma de mantê-la viva e perto de mim, assim como as minhas avós, que seguem como exemplos de mulheres fortes. Quando penso nelas, lembro a capacidade de superação que corre pelas minhas veias, já que elas não tiveram o mesmo acesso à estrutura, à informação e a tantos outros recursos que eu.

É claro que sou também reflexo de homens fortes, especialmente do meu pai. Meu DNA traz todos esses pedacinhos, carrega muitas histórias que se fundem em quem sou e me ajudam a cumprir o propósito de ajudar as pessoas, por meio de uma escuta ativa e empática, a melhorarem sua vida.

Eu amo os laboratórios, palestras e workshops, porque sinto a força da conexão de mentes e corações. A "magia" contida nas palavras de cada uma desperta silenciosamente o agir. Sementes invisíveis, mas extremamente poderosas, são plantadas. Elas enchem o meu coração de alegria e me motivam a seguir em frente, ainda que nem sempre possa ver os brotos, as folhas e as flores surgirem.

O que eu quero que lembre é que, com o autocuidado, você mantém seus sonhos vivos e cultiva o seu legado. As mulheres equilibristas me provaram que esse é o verdadeiro protagonismo. É um lindo caminho para acreditar e agir.

Por isso, respire fundo, aceite meu convite e repita com toda beleza do seu coração:

EU SOU A PROTAGONISTA DA MINHA HISTÓRIA.

Porque você é.

E, em conexão com Deus, você é a Luz e o Caminho para construir tudo o que quiser.

09

Eu, Mulher Equilibrista: As Lições de Quem Aprendeu a Viver

A gente sabe que não existe uma receita para a vida, mas é impossível conhecer Rafaele Vancini e não duvidar disso. Cada vez que a encontro, constato, bem diante de mim, não só uma mulher equilibrista, mas uma das mais lindas fontes de inspiração. Ela, que venceu o câncer, costuma dizer que essa doença foi um divisor de águas na sua vida. Já eu, que a conheci em um Empretec, sou testemunha de como a sua experiência e seu exemplo são capazes de transformar qualquer pessoa que cruze o seu caminho.

Em 2015, a jovem mãe de uma menininha de 2 anos notou um nódulo no seio durante uma brincadeira com a filha. "Eu sempre fiz o autoexame. Não tem essa de 'quem procura acha'. Quem se cuida, se tiver que passar por isso, encontra cedo." Ela atravessou, então, o que, para ela, foi o pior momento da sua vida: o intervalo entre a investigação e o diagnóstico. "Eu me lembro de fazer um ultrassom, e a médica confirmar que havia um nódulo irregular. Eu disse na hora: 'Querida, qual é o problema? Todo mundo tem que ser igual por quê?'", contou-me rindo e me arrancando, inevitavelmente, gargalhadas.

Rafa é essa mulher de humor inigualável, grandes olhos brilhantes e um sorriso contagiante. Essas características tão marcantes se somam a uma coragem e força únicas. Não me entenda mal: nem por um minuto ela finge ser a Mulher Maravilha. É franca e genuína na sua comunicação. Conta que o diagnóstico foi confirmado em pleno 1º de abril, dia da mentira. Nesse momento, ela sentiu os joelhos fraquejarem. Não ouviu uma palavra do que o médico disse. "Eu me senti em queda livre, direto para o abismo. Só que, no meio do caminho, eu vi o rostinho da minha filha. Eu não queria perder nada da vida dela. Olhei, então, para o lado e vi minha mãe, que me acompanhou à consulta, chorando muito. Percebi ali que eu precisava ser forte e passar tranquilidade a todos. Decidi ali, naquele momento, que não daria força nem poder à doença. Neguei-a completamente — só aceitei que seria um capítulo da minha vida."

Segundo essa mulher equilibrista, seu grande feito foi, em meio à escuridão, tomar a decisão de olhar para cima. "Eu vi a mão de Deus estendida para mim." Era a Ele que ela vinha pedindo ardentemente paz interior. Não aguentava mais viver ansiosa, inquieta e angustiada. Sentia todos os pratinhos completamente desequilibrados. "Eu nunca perguntei para Deus 'Por que eu?', mas 'Qual era o propósito disso na minha vida?' Afinal, não cai um único fio de cabelo da nossa cabeça sem autorização dEle. Posso dizer que o câncer não veio me destruir, mas me reconstruir. Ele me tornou nada, para que pudesse ser tudo em mim! E hoje Ele é tudo para mim!"

Essa fé, otimismo e discernimento foram fundamentais para atravessar o tratamento. É claro que perder os cabelos gerou sofrimento em um primeiro momento. Que mulher não sentiria o mesmo? "A gente passa tanto tempo no cabeleireiro, cuidando da nossa moldura!", brinca. Só que ela aprendeu a olhar para a vida de outra forma. "Assim que raspei a cabeça, eu passei meia hora debaixo do chuveiro sentindo o toque da água na careca." Não pense que Rafa perdeu a vaidade: usou rímel até perder os cílios e nunca deixou de colorir sua face com batons fortes e lenços cheios de nuances. "Imagine: de repente, eu não tinha mais tudo aquilo que nos constitui como mulher — nem cabelo, sobrancelhas, cílios, peitos. Eu era uma lagartixinha. Tive que ressignificar o conceito de beleza e criar uma nova identidade. Minha filha dizia que nenhuma mãe era tão linda quanto eu, ninguém tinha uma careca como a minha. Nas nossas brincadeiras, minha cabeça virou bola de cristal."

Rafa não esconde que o câncer lhe tirou muita coisa, mas trouxe também muita renovação. Ela, que se inspirou nas histórias de mulheres que venceram a doença, virou referência para tantas outras ao criar o grupo de apoio Superpoderosas. "Meu coração se enche de alegria e realização quando posso me sentar ao lado de uma mulher que recebeu o diagnóstico e ver o seu olhar mudar. Sonho em ter um espaço para acolhê-las, principalmente nos momentos mais delicados, como a raspagem da cabeça. Ninguém tem que fazer isso em casa, sozinha, ou escondida no cabeleireiro. Nem tem que ser um drama. Pode ser mais leve e simbólico."

Vencida a batalha, essa mulher equilibrista passou uma lupa por toda a sua vida — inclusive, o seu casamento. "Os meus sonhos estavam adormecidos. Eu vivia a vida do meu marido e o culpava por isso. Isso só mudou quando entendi que eu mesma tinha entregue o leme da minha vida a ele." A carreira também ganhou novo impulso — ela deixou para trás o comercial e o administrativo, funções que exercia para apoiar o marido, para resgatar o que sempre fez seu coração vibrar: a educação. "Foram muitos recomeços até, finalmente, voltar a sentir o sangue correr pelas minhas veias."

Para Rafa, o caminho da superação passa por um questionamento que todo mundo deveria se fazer diante de um desafio. "A vida é uma escola: o estudante só passa de ano após absorver o conteúdo. O mesmo acontece com as situações do nosso dia a dia. Tudo tem um propósito e traz um aprendizado. A gente só amadurece quando aprende. O câncer foi a maior lição da minha vida — eu passei a olhar para o ser humano e para as situações de outra forma. Quando olho as cicatrizes físicas que ele me deixou, vejo a marca da vitória, da nova pessoa que me tornei. O sentimento mais latente e verdadeiro é a gratidão pela oportunidade de lutar pela minha carreira, pela minha família, pelos meus sonhos e pela minha vida!"

O médico de Rafa costuma brincar que ela é um caso a ser estudado pela Nasa. Não discordo dele, mas prefiro tomar seu exemplo e aprender a viver com ela. "Deus está nos conectando o tempo todo por um motivo, para que possamos nos ajudar e aprender. Diante de um desafio, pergunte-se: o que eu preciso tirar disso? E, acredite, não precisa ser com dor, pode ser com Amor."

10

Eu, Mulher Equilibrista: No Fim das Contas, Cumprir o Seu Destino Depende de Apenas uma Pessoa

De todas as mulheres equilibristas mencionadas neste livro, essa é, sem dúvida alguma, a mais próxima de mim. Ela entrou na minha vida quando eu tinha apenas 12 anos. Ainda me lembro daquele bebezinho que segurei nos braços e que recebeu o nome que escolhi: Juliana Maria Loch. Foi amor à primeira vista.

Ela já nasceu guerreira, desafiando o destino. Com problemas cardíacos, minha mãe engravidou inesperadamente e recebeu dos médicos a recomendação de interromper a gestação,

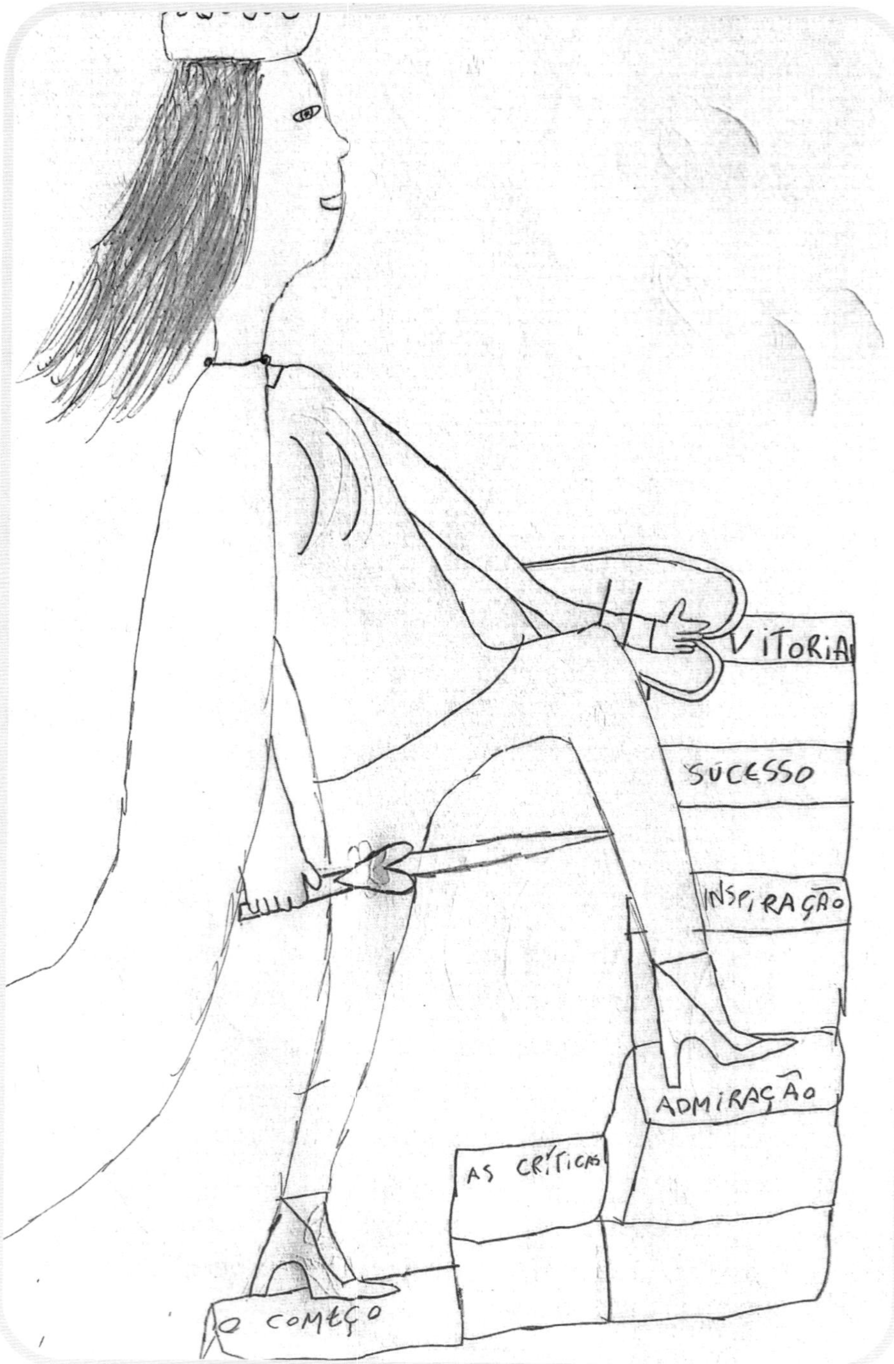

Ilustrado por Matheus Loch Mallmann

pois os medicamentos que tomava poderiam prejudicar o feto. O dilema poderia ser enredo de novela: para poupar a criança, ela teria que abandonar a medicação, o que colocava a sua própria vida em risco. Minha mãe escolheu trazer a minha irmã ao mundo. Manteve-se irredutível, mesmo depois de saber que o risco não se limitava à gestação, mas também ao parto. Para os médicos, tudo poderia acontecer: as duas falecerem; só uma viver; ambas sobreviverem; ou, ainda, o bebê ter sequelas. Adivinha? Por um milagre de Deus, esse pesadelo teve um final feliz: mãe e filha venceram a batalha. Minha irmã nasceu com uma única sequela, um sexto dedo na mão, resolvido na hora, com um cortezinho de nada. Tornou-se, imediatamente, o meu bebezinho. Não desgrudei dela por aproximadamente cinco anos, quando me mudei de Laranjeiras do Sul, também no Paraná, para Cascavel para fazer faculdade. Matávamos as saudades nos fins de semana e nas férias.

Ao longo dos anos, nossos laços se intensificaram. Mais do que amiga, minha irmã e eu nos damos suporte. Hoje moramos juntas novamente. Não me lembro de uma briga séria que tivemos — e não é porque somos parecidas, não! A personalidade dela é completamente diferente da minha. Como você já percebeu, eu vejo o mundo por uma lente um pouco cor-de-rosa. Sou positivista. Acredito nas pessoas e em um mundo melhor. Ela é mais firme, mais racional e, aos meus olhos, muito realista (beirando o pessimismo). Eu vivo agitada, acolhendo mil desafios, que às vezes bagunçam meu planejamento. Ela é disciplinada e organizada com seus planos. "Eu transformo meus sonhos em metas e planejo como concretizá-los", explicou-me em uma entrevista formal, assim como ocorreu com as outras mulheres equilibristas. "A carreira é o combustível que torna o plano realidade. A família é a base que me dá coragem de arriscar — além de companhia na realização de alguns dos meus sonhos." É assim que ela lida com carreira, família e sonhos.

Ju formou-se em Naturologia Aplicada pela Unisul e trabalha há quase dois anos como Agente de Viagens. Sonha em encontrar a sua missão na vida e transformá-la em carreira. Enquanto persiste em sua busca, faz o que pode para equilibrar os pratinhos da carreira, família e sonhos. "Sem um, o outro perde o sentido. Como ter ânimo para trabalhar se não vejo o porquê em longo prazo? Como sonhar se não tenho condições de realizar? E como arriscar se não tiver mais para onde ir ou com quem contar?"

Minha irmã não gosta de rótulos. Talvez eles sejam realmente uma prisão, principalmente para uma pessoa determinada a escolher o próprio caminho. Quando questionada sobre ser ambiciosa, por exemplo, ela afirma que a resposta oscila, assim como ela. "Eu já larguei tudo, vivi para o trabalho e descobri, quando cheguei 'no topo', que não estava feliz. Depois, achei que um trabalho que não exigisse tanto de mim, mas que me garantisse o suficiente para pagar as contas, seria o ideal. Surpresa: senti-me incompleta. Por isso, hoje, não sei se sou ambiciosa e se tenho um lugar definido aonde quero chegar. Sei, porém, como quero chegar lá: leve, tranquila e feliz." Para isso, ela não mede esforços. Aprendeu que é melhor recomeçar do que permanecer infeliz. "Pode parecer óbvio ou simples, mas não quer dizer que seja fácil. Trocar de caminho, depois de tanto tempo, energia e dinheiro investidos em uma direção, demanda coragem, mas vale a pena." Fala disso com propriedade, pois se mudou sozinha para São Paulo para mudar de profissão. Foi gerenciar uma rede de franquias. Perguntei que dificuldades ela enfrentou por ser mulher, e ela relatou que "nem sempre fui ouvida ou levada a sério, mas encarava isso como não sendo um problema meu (não com facilidade e, às vezes, com incredulidade e raiva, mas, com o tempo, fui aprendendo). Eu percebia olhares duvidosos em reuniões importantes. É possível que o fato de eu ser mulher agravasse o peso da minha idade (24 anos). Um homem nessa posição talvez fosse mais admirado do que questionado. Ou talvez não. Não sei. Lidei com essa situação fazendo o meu trabalho. Quando você entrega o que precisa, a margem para esses olhares diminui e, com o tempo, desaparecem ou não os enxerga mais."

Esse foi só o primeiro salto que deu, pois, posteriormente, largou tudo e também investiu tudo para fazer um intercâmbio na Irlanda. "Morei em Dublin, por oito meses e, entre férias das aulas de inglês e feriados, conheci quatorze países. Experimentei as massas e os vinhos da Itália, perdi-me nas ruas de Veneza, encantei-me com a beleza de Viena e exagerei um pouquinho nos chopes da Oktober de Munique. O aprendizado, as amizades feitas, a nova cultura vivida e todos os países visitados foram um sonho realizado." Ju não esconde o orgulho da sua coragem de abandonar "uma vida pronta" para seguir seu coração. "Sinto frio na barriga agora só de lembrar, mas sei que só fui capaz de fazer isso porque tive o apoio da família e o conforto de que, se tudo desse errado, eu teria para onde voltar."

Minha irmã tem uma linda consciência de seus direitos e deveres, o que impede que a tal da culpa, assim como o medo, a domine. Ela sempre pesa "de quem é a responsabilidade" pelos acontecimentos e não se exime de assumir a sua parte. É dessa forma que ela lida também com os riscos que assume quando resolve mudar de direção. "Com as adversidades, aprendo o que preciso. No momento em que mais fui criticada, doei-me e entreguei tanto, que fiquei tranquila com o resultado a ponto de as críticas não me afetarem — principalmente quando partiam de pessoas que não se importavam de fato comigo." Ao pedir por uma mensagem às leitoras, ela é direta: "Talvez assuste, talvez conforte, mas, para mim, a verdade é essa: só depende de nós mesmas. Você precisa fazer o melhor com o que lhe foi dado — sendo fácil ou difícil, sendo justo ou não. Você pode (e deve) ter ajuda, mas é preciso aprender também a buscar e a pedir." Típico de uma mulher equilibrista, não é?

COFFEE BREAK

Que tal fazer uma pausa para pensar sobre a sua vida?

1. O que ressoou em você durante o nosso papo sobre **autocuidado**?

2. O que ressoou em você durante o nosso papo sobre **legado**?

3. Após conhecer as histórias de Rafa e Juliana, duas mulheres equilibristas do meu círculo, o que você ressaltaria sobre elas?

11

A Roda da Vida da Mulher Equilibrista

Há mais de uma década ela é a mesma. O corte de cabelo pode ter mudado um pouco, mas não as características que a definem: assertiva, determinada, séria, incansável no seu propósito. Ao contrário de muitas pessoas que atingem o topo do (seu) mundo, o sucesso não a cegou. Mantém-se firme, humilde e resiliente, dispensando exageros, promovendo conciliações e reunindo argumentos capazes de construir um projeto, uma nação, uma região e um planeta.

A verdade é que pouco se sabe sobre a vida pessoal dessa mulher equilibrista. Além de tudo, veja só, é discreta. Nasceu em um país extremamente dividido e cresceu nos arredores de um seminário, onde aprendeu, certamente, a ter disciplina, outro traço forte da sua personalidade. A curiosidade, dizem, ela herdou da mãe, que era professora[1].

Pouca gente parou para pensar como ela começou a derrubar muros tão cedo. Afinal, escolheu estudar Física na universidade e fez doutorado em Química Quântica. Ainda hoje, as meninas são menos incentivadas que os meninos a gostar de

Exatas, e esse é um dos motivos do baixo número de cientistas mulheres no mundo — menos de 30% do total, segundo a Unesco[2].

Na faculdade, ela conheceu o seu primeiro marido, de quem herdou o sobrenome que usa até hoje. O casamento durou apenas cinco anos. O segundo marido, ela também conheceu dentro dos muros de uma universidade, e esse relacionamento já se estende por mais de três décadas. Joachim Sauer não limita nem se aproveita do sucesso da esposa. Um jornal do seu país chegou a dizer que ele é "tão invisível quanto uma molécula".[3] É descrito como um cientista e professor rígido, que cumpre reservadamente sua rotina e compartilha com a esposa, nos momentos de folga, a paixão pela ópera.

Na década de 1990, a carreira dessa mulher equilibrista tomou um rumo inesperado. Já não estava mais "escondida" dentro de um laboratório, mas construindo uma Alemanha recém-unificada. Foi uma ascensão rápida: de um assento no Bundestag, partiu para o ministério das mulheres e dos jovens. Algum tempo depois, tomou a liderança do Ministério do Meio Ambiente, Conservação e Segurança de Reatores, tornando-se responsável pela primeira Conferência das Nações Unidas sobre o Clima (COP), em 1995. Pouco a pouco, ela ganhou força e voz dentro do seu partido, muitas vezes cobrando ética, transparência e retidão de homens muito mais poderosos que ela.

A essa altura, você já sabe que estou falando da única figura feminina entre os homens mais poderosos do mundo: Angela Merkel. Em 2005, ela foi eleita chanceler da Alemanha. Foi a primeira mulher a assumir a chefia dessa nação, um exemplo para muitos países do mundo. Nós, brasileiros, demoraríamos seis anos para ver uma mulher subir a rampa do Planalto, como representante do país.

Angela viveu na pele a velocidade e a brutalidade das mudanças da era em que vivemos. Conduziu a Alemanha não só na crise econômica de 2008, fazendo do seu país a primeira nação europeia a se recuperar do estrago em série desencadeado pela falência do banco de investimento Lemahn

Brothers, mas também nos conflitos humanitários, provocados pela fuga em massa de refugiados da Síria. Assumiu, muitas vezes, o papel de moderadora tanto dentro da Comissão Europeia, quanto do G7, o grupo dos países mais industrializados, em temas delicados, capazes de impactar o mundo todo.

Como toda figura pública, Angela já foi muito criticada — inclusive, por outras mulheres. Foi chamada de antifeminista por não defender aberta e insistentemente a causa, como se a posição que ocupa não fosse relevante o suficiente para enviar uma forte mensagem a todas as meninas e mulheres do mundo.

A verdade é que seu ingresso e o seu sucesso na política sempre causaram surpresa — não só aos seus compatriotas. Não estou dizendo que ela era alienada ou qualquer coisa assim. Seu interesse pela política é antigo, lá da juventude. A personalidade de Angela, porém, nunca se encaixou em estereótipos, e isso sempre incomodou muita gente.

> "Extrovertidos como Steve Jobs ou Bill Clinton tinham a capacidade de entusiasmar os outros e construíram e ampliaram sua área de influência por esse meio. Introvertidos conscientes do poder, como Angela Merkel e Barack Obama, têm outras características que lhes permitem alcançar e garantir sua influência, como estratégias claras, tenacidade e foco no caminho para seus

objetivos e a capacidade de vincular seguidores fiéis a eles."

Sylvia Loehken, doutora em linguística e comunicação[4]

Um jornal inglês chegou a dizer que Angela jamais seria popular no Reino Unido, tão ávido por fofocas. "Na Grã-Bretanha, nenhum político, muito menos uma mulher ambiciosa, iria longe, ainda mais para um terceiro mandato, se seu perfil incluísse despretensioso, privado, obediente e debatedor muito medíocre, que não faz muitos discursos. Os eleitores daqui querem que seus candidatos consumam energia, ação, unidade. Queremos artistas talentosos e muita conversa fiada. Políticas críveis são desejáveis. Mas o que realmente ansiamos na figura que administra o país é que eles tenham *carisma*", escreveu a jornalista Katherine Butler (sim, uma mulher!), no *Independent*[5].

Angela é essa mulher *alpha*, tão segura de si e tão certa do seu propósito, que não se curva às opiniões e expectativas alheias. Esse caminho escolhido por ela pode ser mais difícil, já que tem que provar o seu valor o tempo todo e suportar críticas vindas de todas as partes. É inegável, porém, que é também um caminho mais verdadeiro. De acordo com reportagem do *The New York Times*, a chanceler alemã já declarou que, para ela, sempre foi importante "tentar ser o que sou e como sou".[6]

E isso significa que Angela se mantém, mesmo sob intensa pressão, fiel aos seus princípios. O seu *background* de Exatas a tornou uma líder capaz de ler cenários, a partir dos mais diferentes fatos, dados e vetores. Sua personalidade mais retraída não a impede de assumir riscos ou de se posicionar. Quando o faz, demonstra cautela e empatia[7].

Foi isso que a tornou uma das poucas lideranças políticas a se destacar durante a pandemia da COVID-19. De Israel à Argentina, passando obviamente pelo Brasil, essa mulher equilibrista foi elogiada pela forma como olhou para a questão. A austeridade e a parcimônia em suas decisões e comunicados públicos evitaram histeria e trouxeram alívio para países vizinhos, como a Itália, que contaram com o apoio da Alemanha para salvar vidas. Um comentarista do jornal argentino *El Clarín* chegou a cunhar um termo para a sua liderança: *Merkelina*[8].

> "Apesar de tudo isso, enfrento o dia a dia com muita coragem, pois tenho certeza de que a mudança que tanto almejamos e merecemos, de um país onde gênero, cor da pele e local de nascimento deixem de importar tanto, de políticas públicas que considerem as evidências e respeitem os contextos locais, ela não apenas é possível como já começou."
>
> **Tabata Amaral**, deputada federal[9]

Tabata tem razão — a mudança já começou. E essa jovem parlamentar é um bom exemplo disso. Em seu primeiro mandato, ela representa uma minoria na Câmara dos Deputados — apenas 15% do quadro é formado por mulheres[10]. No entanto, não passa despercebida. E não estou falando da sua juventude e ou dos seus atributos físicos, notados com mais frequência em Brasília, segundo ela, do que em qualquer outro lugar que já tenha pisado. Se os comentários eram uma tentativa de intimidação, não deu certo. Porque ela responde com trabalho.

Essa paulistana da Vila Missionária, Zona Sul de São Paulo, não nasceu em berço esplêndido. O pai, cobrador de ônibus, e a mãe, diarista, passavam o dia fora de casa, trabalhando, para que os dois filhos pudessem se dedicar aos estudos. Ao se destacar em uma olimpíada de Matemática, Tabata trocou a rede pública por um colégio privado. "Eu comecei a viver em duas realidades completamente diferentes, que estavam apenas a uma hora e meia de ônibus e de metrô. Percebi quão desigual a nossa São Paulo e o nosso Brasil são", disse, em um TEDxSão Paulo, em 2018[11]. "No meu bairro, o mundo parecia ser um pouco menor e a faculdade era, muitas vezes, um sonho muito distante. Na escola onde fui bolsista, o mundo era cheio de possibilidades, e se sonhava em ser médico, cientista e advogado."

A educação não revelou para Tabata somente a realidade desigual e cruel do país em que vivemos. Deixou claro também que o estudo e o empenho abrem portas para os sonhos e, acima de tudo, para a realização. Foi isso que fez a menina da periferia se mudar para os Estados Unidos, após ser aprovada em seis universidades locais. Ela escolheu Harvard e só voltou atrás no curso — trocou a Astrofísica por Ciências Políticas. O motivo? A vontade de não deixar que uma história dolorosa se repetisse. "Eu perdi meu pai para as drogas, perdi amigos e vizinhos para o crime, e tenho plena consciência de que se tivessem completado o ensino fundamental, se tivessem tido qualquer chance na educação, eles não teriam morrido tão jovens", afirmou a deputada federal, diante do ex-Ministro da Educação Ricardo Vélez Rodríguez, durante uma comissão, na Câmara dos Deputados, no início de 2019[12].

Depois de Harvard, Tabata voltou ao Brasil, fundou uma ONG e trabalhou na iniciativa privada. Só então se rendeu à política, uma decisão movida por um propósito maior. "A palavra 'missão' é repetida sete vezes enquanto Tabata explica que seu destino, ou melhor, que sua missão de vida não é a política, mas sim a educação", escreveram dois repórteres do jornal *Valor Econômico*, na entrevista que fizeram com ela em 2019[13]. É esse senso de missão, tão parecido com o de Angela e de outras mulheres equilibristas, que faz essa jovem deputada federal ser resiliente diante das situações e de toda pressão a que é submetida.

Ela, que já teve a chance de se encontrar com Malala e Barack Obama, impressiona pela sobriedade e pela determinação, mesmo tendo pouco mais do que 25 anos. Não se deixa envaidecer pelas redes sociais[14] nem se apequena diante dos desafios. Segue o seu coração, como demonstrou ao contrariar o próprio partido durante a votação da reforma da previdência. "Meu voto é um voto de consciência, não é um voto vendido, e segue minhas convicções e tudo que eu estudei até aqui", esclareceu nas redes sociais[15].

> "Coragem, argumenta meu compatriota Sócrates, é o conhecimento do que não deve ser temido. Ou seja, há coisas que devemos ter medo — afinal, queremos permanecer vivos. Nunca eliminaremos completamente o medo de nossas vidas, mas definitivamente podemos chegar ao ponto em que nossos medos não nos impedem de ousar pensar novos pensamentos, tentar coisas novas, correr riscos, falhar, começar de novo e ser feliz."
>
> **Arianna Huffington**, empreendedora[16]

O medo. Por que damos tanta confiança e crédito a ele? Acredite se quiser, mas ele quase me impediu de publicar este livro que você segura em suas mãos. Ele quase bloqueou o meu sonho.

Ao longo desses anos, eu nunca me esqueci de uma mulher de meia-idade que participou de um dos meus primeiros laboratórios. Ela chamou minha atenção não pelas colocações que fez, mas pela tristeza em sua face. Chorou copiosamente a palestra inteira. As lágrimas, doídas, escorreram descontroladamente pelo seu rosto. Ao final, quando se acalmou, ela me contou o motivo: arrependimento. "Eu não alcancei nada do que sonhei, perdi tempo na vida, não fiz as escolhas que deveria, simplesmente me deixei levar", disse.

Pois eu me vi diante dessa encruzilhada quando deixei o medo questionar os dez anos de experiência com o laboratório das mulheres equilibristas. Estava ciente do meu pioneirismo. Quando comecei, em 2009, ninguém mais trabalhava o tema. Já se percebia a falta de representatividade feminina dentro das organizações, por exemplo, mas o incômodo que isso provocava, a injustiça que isso caracterizava, ainda era um tabu, discutido timidamente em algumas reuniões, aqui e ali. A ONU já alertava, através dos "Objetivos do Desenvolvimento do Milênio", lançados em 2000, que a promoção da igualdade de gêneros e o empoderamento feminino eram uma das formas de se mudar o mundo[17]. No entanto, a própria ONU Mulheres, criada para "unir, fortalecer e ampliar os esforços mundiais"[18] em defesa desses direitos, só surgiu dez anos depois.

Diante disso, é completamente natural que tivesse muito pouca demanda para o tema que eu queria colocar em discussão. Por que criar espaço para falar sobre o equilíbrio entre carreira, família e sonhos, quando há outras prioridades e urgências na agenda da sociedade?

Sempre que levantava esse questionamento, geralmente nos momentos de frustração, meu coração dizia que o desafio que eu, minhas amigas e outras líderes femininas enfrentávamos não era uma bobagem, não era algo passageiro ou a ser deixado de lado. "Será que estou lançando a causa no momento errado?", perguntava-me. Cheguei a conversar sobre isso com algumas pessoas, mas quem me conduziu pelas estradas do medo foi a minha intuição e a conexão com Deus. "Insista", dizia uma voz interior. Eu só entendia o motivo pelo qual deveria persistir nesse meu propósito quando estava em campo, compartilhando o que tinha aprendido nas palestras, nos workshops e nos laboratórios.

Foi difícil abrir portas. Nos primeiros anos, consegui promover um evento aqui, outro ali. Em 2018, dei um salto — dez palestras, somente em Santa Catarina. Esse número triplicou quando o Mulheres Equilibristas completou 10 anos. Em cada um desses encontros, eu tive a confirmação do que aquela voz delicada me dizia lá atrás: as histórias que colecionava precisavam ser ventiladas para que mulheres, cada vez mais mulheres, se sentissem acolhidas, representadas e encorajadas.

> "Se você sente que está sozinha e só você vive aquilo, só você tem aquela realidade, você fica mais vulnerável. Quando você junta [outras mulheres] e divide sua experiência, isso dá força. A gente vai juntas e, juntas, a gente vai mais forte."
>
> **Jout Jout**, youtuber[19]

Ainda assim, diante das páginas em branco, eu me deixei dominar de novo pelo medo — mais de uma vez, centenas de vezes, em um curto espaço de tempo. Fiquei bloqueada. Achei que não teria coragem de me expor.

Quando finalmente comecei a rabiscar algumas frases, fui tomada pela empolgação do #AgoraVai, que logo se tornou um #Socorro. Como expor quem eu sou e o meu propósito? Como contar cada uma dessas histórias, sem remexer no passado e sem reviver dores antigas e não tão antigas assim?

Como aquela mulher da palestra, eu chorei muitas vezes ao longo desse processo. *Quase* enveredei pelo mesmo caminho que ela. E não falo isso com julgamento, mas com sororidade, por entender, de corpo e alma, o dilema que ela enfrentou e o impacto disso em sua vida. Adiei o quanto pude o investimento no meu sonho — pelos mais diversos motivos. Questionei sua continuidade, seu objetivo, seu formato. Nessa prorrogação, fiz diversas perguntas, louca para encontrar uma desculpa forte o suficiente.

Onde vou arrumar tempo?

Como vou ganhar dinheiro para pagar as contas?

Será que é a hora mesmo?

Será que tenho conteúdo suficiente?

O que as pessoas vão pensar?

Por que estou fazendo isso?

Quem vai ler?

Será que vale a pena?

Deixei, assim, que o medo fosse mais forte que o meu propósito. E isso me causava muita frustração. Por que persisti, afinal?

Ora, chegou um momento em que eu entendi que tinha uma escolha a fazer. E escolhi o meu sonho. Eu me escolhi.

> "Seja fiel a você mesmo — que o resto é consequência desta única ação."
>
> **Patrícia Meirelles**, empreendedora e escritora[20]

"Deixa a vida me levar" é um lema muito bonito — para a música. É só o Zeca Pagodinho puxar o samba que eu canto junto e danço de olhinhos fechados. Na "vida real", acredite, não é tão legal assim.

Esse presente, o viver, é algo muito caro, muito sério para ser deixado solto. No meu entendimento, é nossa responsabilidade fazer da nossa vida algo bonito e útil. E é por isso que fazer escolhas é tão importante.

Quando escolhemos, trazemos à consciência a nossa própria vida — sobretudo as renúncias, parte intrínseca desse processo.

Pense bem: quando escolhe ser mãe, você abre mão do seu corpo, em um primeiro momento, além do seu tempo, por muitos anos, sem falar do sono tranquilo, provavelmente pelo resto da vida. Até quem escolhe não ser mãe faz renúncias. Essa mulher continua dona do seu corpo, do seu sono e do seu tempo. Consegue gerenciar, em princípio, tudo melhor — inclusive, o seu dinheiro. Abre mão, no entanto, de algo que faz parte da essência feminina, de dar continuidade à família, de experimentar sensações, emoções e uma devoção muito difícil de descrever. Como colocar em palavras o amor incondicional pelos filhos? É algo único, sem precedente.

Se escolho me casar, abro mão da liberdade de ir e vir a hora que bem quiser, de sair mais com amigos, de viajar em família sem o cônjuge e de ter outros relacionamentos. Passo a dividir não só o meu tempo, mas também os meus sonhos e o meu espaço com o parceiro. Até mesmo decisões miúdas, como o horário de dormir, das refeições e da diversão têm outro peso. Já não é mais uma escolha individual; ela precisa ser dividida e, muitas vezes, negociada. Já não interessa nem impacta só uma pessoa. São duas. Quem nunca discutiu pelo filme a ver no cinema ou a maratona a enfrentar na Netflix?

Pode parecer mais fácil manter-se livre, leve e solta na vida, sem compromisso com ninguém além de si própria. Doce ilusão. Já parou para pensar nas renúncias que se faz ao optar por isso? Abre-se mão da possibilidade de uma parceria para a vida, do companheirismo e da cumplicidade para todos os momentos, de beijar na hora que dá vontade, do sexo quente e gostoso no dia que quiser, do braço forte que abraça e embala, de dividir as tarefas do jantar, do papo despretensioso e sem filtros, regado a uma garrafa de vinho ou a algumas cervejas...

Enfim, as escolhas têm um preço. Todas. Sempre.

A mulher que trabalha "paga uma conta".

A que não, também.

A mulher que é mãe "paga uma conta".

A que não, também.

A mulher casada "paga uma conta".

A que não, também.

A mulher que corre atrás dos seus sonhos "paga uma conta".

A que não, também.

Essa "conta" sempre chega. Não há escapatória. Mas quer saber de uma coisa?

Ela pode ser menos pesada quando temos consciência da nossa escolha. Fica mais leve, pois entendemos a que e por que estamos priorizando um projeto ou uma atividade em detrimento de outra. Mesmo que dê errado, mesmo que o arrependimento pipoque, a escolha foi feita por um motivo que nos era caro ao coração — não por medo, não por influência dos outros, não para atender à expectativa alheia.

O resultado pode até ser diferente do que imaginávamos — e, normalmente, é. Afinal, não podemos controlar tudo. Só que ele também pode ser, ao final, muito maior e melhor. A prova disso está em todas as histórias que compartilhei ao longo das páginas deste livro.

É verdade que também pode fugir completamente do *script*, soar como um fracasso, gerar dor e vergonha. Só que o erro e a derrota têm um sinônimo que precisamos aprender a utilizar mais: aprendizado. O gosto na boca é outro — não é amargo nem corrosivo, como aquele gerado pela falta de ação.

> "Eu detesto perder, mas perder me trouxe aonde estou hoje. A única razão de eu ser quem sou é por causa das minhas derrotas. Algumas delas são extremamente dolorosas, mas eu não abriria mão de nenhuma. Toda vez que perco, leva muito tempo para acontecer de novo, porque aprendi muito com isso. Encorajo todo mundo com quem converso (...), se você perder ou se algo acontecer, não nos esportes, mas nos negócios ou na escola, aprenda com isso. Não viva no passado, viva no presente."
>
> **Serena Williams**, tenista[21]

Nós fazemos escolhas todos os dias, o tempo inteiro, e eu gosto de pensar que até isso é um pacto de amor — conosco, com quem escolhemos conviver, com a nossa carreira, com os nossos projetos e, claro, com os nossos sonhos.

A falta de movimento é provocada pelo medo — de abrir mão, de perder. Nosso cérebro está sempre tentando nos proteger. Ele aciona, diante de qualquer situação, o instinto de sobrevivência, e não é raro que o caminho conhecido se torne mais atraente, mais fácil, menos sofrido, mais seguro. O novo é sempre ameaçador.

Que pedras vamos encontrar pelo caminho?

A que perdas seremos submetidas?

E se não der certo?

E se não sobreviver?

E se doer?

E se...?

E se...?

É por isso que relutamos em deixar a zona de conforto. O cérebro busca todas as desculpas arquivadas ao longo da vida para nos dar argumentos para ficar naquele espaço quentinho, confortável e gostoso. Pode ter uma aporrinhação ou outra, mas não se corre risco. Aprender demanda novas conexões, e isso consome muita energia, dá trabalho. Quem quer isso?

Pois deixe-me responder: eu, você, muita gente. Só assim nos sentimos vivas. Só assim voltamos a sentir, como disse uma mulher equilibrista, em depoimento para este livro, o sangue correndo pelas veias. O medo ainda nos acompanhará, mas faremos dele nada mais que um amigo cauteloso que nos convida a redobrar a atenção no caminho.

Por isso, eu peço: desafie-se.

Fuja das desculpas.

Elas não alimentam sua boca, não te levam para viajar e não te fazem feliz.

Já aviso: seus músculos provavelmente estarão um pouco atrofiados. Mas logo entrarão no ritmo.

Se tiver que fugir de alguma coisa, que seja da comparação. Lembre-se de que você é única, assim como cada ser humano ao seu redor. Cada um de nós tem recursos diferentes, famílias diferentes, experiências de vida diferentes, educação diferente, praticamente tudo é diferente. Foi isso que tentei demonstrar neste livro, ao expor não somente as minhas histórias, mas as de tantas mulheres incríveis.

Todas nós abrimos mão de algo com as nossas escolhas. Não conheço nem uma pessoa bem-sucedida que não tenha se sacrificado — e isso vale tanto para quem construiu o patrimônio com o seu próprio suor, quanto para quem o herdou. Há sempre uma conta a se pagar, além de uma zona de conforto tentadora, louca para nos desviar do nosso caminho. Fazer escolhas, em qualquer situação, para qualquer pessoa, é um ato de coragem. Temos muito amor a dar: ora será a um relacionamento, ora a um filho, ora a um projeto.

Você pode até pensar que o herdeiro, ou a vizinha que se casou com um marido rico, teve um caminho mais fácil para "chegar lá". Será mesmo? Quem sabe o que um passou na vida e o que a outra vem passando? Quem disse que eles não sofrem com as críticas que escutam ou com os olhares enviesados que recebem? Quem nunca se deixou abater pela pressão provocada pelas expectativas próprias e dos outros?

A edição nº 75 da *Forbes* trouxe na capa a cofundadora do Nubank, Cristina Junqueira, como representante das "Mulheres + Poderosas do Brasil". Da lista de vinte lideranças femininas em "Negócios, Ciência, Artes, Mídia, Gestão Pública e Terceiro Setor", foi ela quem ganhou o maior destaque pela criação de uma fintech que mexeu com as estruturas das grandes instituições financeiras, ao acumular em 7 anos mais de 5 milhões de clientes e 2 mil funcionários de 25 nacionalidades diferentes. O Nubank inovou ao oferecer um cartão de crédito gratuito, sem taxas ou anuidades, burocracias ou dificuldades[22].

Quero, porém, chamar a sua atenção para a foto escolhida pela revista. Cristina aparece com um olhar leve e determinado e ostenta uma barriga esplendorosa de grávida. Consegue imaginar o bastidor dessa foto?

O ensaio foi feito na casa da executiva, três dias antes de ela dar à luz à sua segunda filha. A executiva vestiu o único vestido que lhe cabia e deixou os pés inchados no gelo durante uma hora para conseguir calçar os sapatos[23].

Vamos ampliar o foco mais um pouquinho?

Pense nessas e em outras escolhas e renúncias que a cofundadora do Nubank, também uma mulher equilibrista, passou, durante esses sete anos. À *Forbes*, ela reconheceu que tem uma vida social abaixo da média e que teve muita doação para construir a fintech. Foi preciso uma ginástica intensa até para definir o seu plano de maternidade. Não foi só uma decisão de família — os sócios participaram, já que a ausência de Cristina gera um impacto na empresa.

Se ela fez certo ou errado?

Se essa seria a minha escolha ou a sua?

Não importa. É o que ela quis para a vida dela, e é a história que ela quer deixar de legado para as filhas e para o mundo. "Eu consegui gerar um impacto bastante positivo por causa do meu inconformismo e da minha vontade de encontrar soluções, sem me importar com o grau de dificuldade e da situação", revelou à revista.

Só Cristina sabe as dores de calçar os próprios sapatos. É por isso que a comparação é tão prejudicial — ou limita nossos sonhos ou desvaloriza os dos outros. Ela exclui, não inclui. Vemos inimigos no lugar de aliados ou fontes de inspiração. É preciso exercitar um olhar mais empático para o outro e enxergar a vida, nossa e dos outros, de um lugar mais amoroso e respeitoso. Nada de se denegrir e de denegrir.

Ao ler biografias ou ao conhecer pessoas bem-sucedidas, que tal pensar o que há para aprender com elas?

O que elas fizeram que poderia funcionar para você?

Que preço pagaram?

É algo que deseja para você?

Eu mesma tento aplicar isso na minha vida. Ao ver uma mulher com um corpo lindo, penso que, possivelmente, essa pessoa se exercita mais e se alimenta melhor do que eu. O cabelo está impecável? Sinal de que investe mais nos cuidados. Fala cinco línguas? Certamente se esforçou mais do que eu. Ganha mais? Teve atitudes e fez escolhas diferentes das minhas. A vida parece mais equilibrada que a minha? Uhmmm, acho que preciso rever minhas metas e prioridades. O que eu quero que você entenda é que a comparação só cria ressentimentos. Sabe quem é a única pessoa com você deveria se comparar? Consigo mesma.

Quer fazer uma comparação positiva?
Então pergunte-se: estou sendo melhor do que fui ontem?
Afinal, na vida, nada é por acaso ou entregue de mão beijada.
É tudo conquistado.

> "A mudança que você precisa está dentro de você."
>
> **Monja Coen**, espiritualista[24]

Não sabe nem por onde começar?

Bem, eu te ajudo. Em 2018, por sugestão do meu sócio Nilmar Paul, adaptei uma ferramenta conhecida do coaching para apoiar as mulheres equilibristas nas suas transformações. Antes de prosseguir na leitura, lembre-se do que a incomodou ou o que a inspirou nas histórias que leu neste livro e que ressoaram, de alguma forma, em você.

A "Roda da Vida da Mulher Equilibrista" retoma vários dos conceitos expostos ao longo destas páginas e propõe uma autoavaliação, com o único objetivo de deixar mais claro o que realmente a incomoda na sua vida. Esse é o primeiro passo para colocar prioridade no que importa para você e, a partir de atitudes concretas, se permitir virar o jogo.

Vou fazer nove perguntas, às quais você deve atribuir uma nota de 0 a 10. Marque 0 somente se estiver extremamente insatisfeita com determinado aspecto da sua vida. O mesmo vale para o 10, coerente somente se estiver muito, mas muito feliz. Não se assuste se:

- não marcar nenhum 10
- a maior parte das suas notas estiverem na média (5)
- a sua insatisfação estiver mais concentrada em um só pilar

Lembre-se:

- somos humanos, isto é, seres imperfeitos, em busca de aperfeiçoamento,
- as prioridades mudam de acordo com as fases da vida,
- felicidade perfeita só no Instagram — e olhe lá!

Antes de começar, respire fundo e se dê um longo abraço. Um *shot* de autoamor, antes e depois de uma autoanálise, não faz mal a ninguém.

Pronta?

Então, última dica: responda sinceramente. Tenha coragem!

Em relação à **carreira**, qual é o seu grau de satisfação, de 0 a 10, com:

1...a sua **ambição**, isto é, será que você está mirando alto, como sugere Sheryl?

Avalie se você tem metas e o que elas significam para você? Se você as tem com clareza, parabéns, nota alta. Se não as tem ainda, nota baixa. Entretanto, após preencher toda a roda, poderá voltar aqui para estipular uma meta importante para você: uma viagem, uma casa, um carro, um relacionamento, uma gestação, dinheiro, uma conquista que almeja. Escreva-a aqui:

2...a sua **autoestima**, isto é, será que você tem se valorizado e se impondo com delicadeza sobre o que quer?

Avalie se consegue não dar tanta importância à opinião de pessoas que nem são tão importantes para você. Você consegue se aceitar — com a sua luz e a sua sombra? Com as suas características boas e as não tão boas? Se sim, nota alta. Se não, escreva aqui como pode fazer para se aceitar do jeito que é e elevar sua autoestima, a exemplo do que leu aqui e do que traz consigo:

3...com a sua **persuasão**, isto é, você está conseguindo dizer "não" e se expressar, de acordo com a sua personalidade, seus valores e seus desejos?

Refiro-me aqui ao desafio de respeitar o que quer e quem é, dizendo "não" quando algo não faz sentido para você e "sim" quando, de fato, deseja algo. Se sim, nota alta. Se não, nota baixa. E, depois de tudo o que leu, como acredita que pode reforçar sua autoestima e sua capacidade de dizer não?

Difícil?
Respire.
Devagar.
Sem pressa.
Sem pressão.
Quem precisa de mais um abraço aí?

Em relação à **família**, qual é o seu grau de satisfação, de 0 a 10, com:

4...a sua **felicidade**, isto é, o quanto você está satisfeita com o seu modelo de família atual?

Se estiver satisfeita, nota alta. Se não for o modelo que deseja, nota baixa. Que tal pensar nos movimentos que precisam ser feitos para viver de acordo com o que acredita ser o seu modelo? Anote aqui:

5...a sua **rede de apoio**, isto é, você tem feito tudo sozinha ou tem solicitado/contratado ajuda?

Se cultivou os relacionamentos com a família e amigos, é possível que tenha um belo time para contar. Se consegue confiar seus filhos a essas pessoas da sua rede e também agir com reciprocidade quando outras mães precisam, que maravilha, nota alta. Esse pilar é fundamental para o equilíbrio, como você já sabe. Aqui também entram as babás, faxineiras, cozinheiras, motoristas, enfim, pessoas que lhe são caras para cuidar dos filhos e de situações importantes na sua vida. Você mantém por perto pessoas que lhe são importantes? Se não, depois da nota baixa, volte aqui para registrar o passo a passo que a ajudará a mudar essa realidade:

6...a **absolvição**, o contrário da **culpa**, isto é, será que você tem sido generosa consigo mesmo ou tem deixado essa bandida lhe roubar o sono e a vitalidade?

Tem mulheres que aprenderam a gerenciar a culpa muito bem. Nota alta, se for esse o seu caso. Mas, se ao contrário, você ainda permite que a danada a incomode, nota baixa. Que tal pensar já no processo necessário para gerenciá-la e interromper qualquer interferência dela nas suas decisões? Aproveite o espaço a seguir:

Eu sei, eu sei.
Os assuntos do coração sempre nos tiram o equilíbrio.
Volto a dizer: respire devagar, sem pressa, sem pressão.
Tenho uma boa notícia: falta pouco, muito pouco.
Quer mais um abraço?

Em relação aos **sonhos**, qual é o seu grau de satisfação, de 0 a 10, com:

7...o seu **autocuidado**, isto é, quanto tempo você tem dedicado a si e a recarregar a sua alma?

Você leu muito sobre isso e, certamente, já sabe a nota que se dará. Eu torço para que, durante a leitura, você já tenha praticado algumas das ações sugeridas. Se sim, nota alta. Se não, nota baixa. E, ei, não se esqueça, sempre há tempo. Comece agora elegendo o que fará para se amar um pouco mais:

8...os seus **sonhos**, isto é, quando foi a última vez que realizou um? E qual será o próximo?

É comum haver uma acomodação depois de realizarmos alguns sonhos — sei bem disso. Acontece que, se não sonharmos, corremos o risco de parar no tempo e assistir à nossa vida passar, sem protagonismo. Olhe para todos os sonhos que já realizou e escolha pelo menos mais um para registrar aqui. E, depois de realizá-lo, ficarei muito feliz se puder compartilhá-lo comigo:

9...o seu **legado**, isto é, o quanto está alinhada com o seu propósito e cuidando da história da sua vida?

Essa pergunta é muito profunda, estou sabendo. Mas também é linda, não é? Seja sincera, se ainda não havia pensado nisso, tudo bem, pontue com poucos aspectos e, se desejar, convido-a a pensar sobre ela e rascunhar nas linhas abaixo para que você está nesta Terra? Se já identificou ou construiu seu propósito e está seguindo na sua estrada, pontue alto e reforce-o aqui. Quanto mais claro e específico, melhor para sentir paz e liberdade.

Para fechar, posso pedir mais um favor?

Largue a caneta e se dê uma salva de palmas.

Você completou corajosamente um exercício muito importante, algo que pode mudar a sua vida.

> "E eu vi que eu podia mais do que eu sabia, eu vi a vida se abrir pra mim quando eu disse sim."
>
> **Sandy**, cantora[25]

Agora que os seus batimentos cardíacos desaceleraram, que a respiração serenou, é preciso mais um passo antes de dizer *sim* para a sua vida.

Olhe para a sua **Roda da Vida**, minha cara mulher equilibrista, e me diga:

- O que gostaria de mudar nela?
- O que pode manter?
- O que pode fazer diferente hoje para se sentir mais feliz?
- O que deve priorizar urgentemente?
- A sua vida hoje está alinhada à história que quer escrever?

Dizer *sim* para a vida é assumir o controle dela — ser a protagonista, acreditar, arriscar, rir, chorar, amar, fracassar, aprender, recomeçar e viver sem nunca perder o rumo da história que quer ver escrita.

Lembra-se daquela menininha que andava de bicicleta para lá e para cá, para cá e para lá?

Lembra-se do dia em que ela começou a pedalar sozinha, sem rodinha, sem ninguém segurando?

Essa coragem ainda vive em você.

É verdade que, à medida que crescemos, os desafios são maiores, assim como os desequilíbrios e os inevitáveis tombos. O ponto em comum com o passado é que eles são comuns, é como treinamos nossa resiliência, desbloqueamos nosso potencial, descobrimos nossa essência e reconhecemos o que traz cor à nossa vida. Só assim, aliás, somos capazes de nos tornar a melhor versão de nós mesmas.

Na minha opinião, é nos relacionamentos que mais aprendemos a nos desenvolver. É muito mais fácil viver sozinha do que conviver com alguém. O amor deveria deixar tudo mais fácil, mas nem sempre é assim — afinal, esquecemo-nos de que, quando há sentimentos envolvidos, ficamos completamente cegas.

Eu tenho muito a agradecer aos amores da minha vida. Aprendi muito com cada um deles: Edmar, por quem me encantei quando ainda era muito nova para namorar; Rogério, meu primeiro amor; Otavio, com quem compartilhei quinze anos da minha vida e me deu Maria Chiara e Matheus; Maurício, com quem voltei a acreditar no amor e na família (pois havia desistido); e Ricardo, que me ensinou que, mesmo sendo adulta, posso dar espaço à minha menina, pois a minha alegria tem lugar, e me soltar pode ser bem prazeroso, e por me ensinar a cuidar de plantas, a ser flexível e ter momentos únicos e sublimes.

Como muitas mulheres, eu também segui um protocolo. Quando me formei, noivei, me casei, tive filhos, segui o *script* completo — ou quase. A separação nunca esteve nos meus planos. Não era essa a história que imaginava para mim, mas aprendi, como já contei aqui, que, embora seja a autora da minha vida, não tenho o controle de tudo. Aprendi isso na marra. Reconheço, porém, que dei um passo grande ao romper algumas convicções internas, ao me permitir fazer outras descobertas e ao ver a beleza de cada página virada. Sei, acima de tudo, que há muito ainda o que viver, muito ainda o que escrever — como a minha história amorosa que está em construção. Viajar o mundo e viver um grande amor continuam sendo meus maiores objetivos pessoais. Quem sabe eu não tenho novidades no próximo volume do *Mulheres Equilibristas*? 😉

O que quero reforçar nestas páginas é o que eu aprendi. Lembra a conta que pagamos pelas escolhas? Pois hoje é a conta da descoberta que quero pagar.

Minha carreira sempre foi o pratinho que eu mais consegui equilibrar, justamente porque foi ao que mais me dediquei, desde o meu primeiro trabalho, aos 13 anos, em uma videolocadora, algo que a geração de Matheus nem imagina o que seja. Além do que você já leu aqui, sinto muito orgulho de integrar a equipe do Sebrae DELAS em Santa Catarina. Na turma piloto, o programa capacitará 380 mulheres e, enquanto escrevo estas linhas, outras 500 já estão em treinamento, em Santa Catarina. É o meu propósito em ação, mostrando a cada uma dessas empreendedoras o quão grandes elas são, um convite a olhar para dentro e (re)descobrir conquistas, superações e capacidades. Eu vejo a luz dentro de muitas delas — e, às vezes, consigo fazer com que enxerguem também. Sou a minha primeira aprendiz e o que compartilho aqui é o que experimentei e vivi. Muito já superei e há muito a superar. Ainda bem! O que seria deste livro se fossem somente situações boas, não é?

Por isso, não esmoreça caso sua vida pareça em desequilíbrio, se estiver mais feliz em um campo do que em outro. Esse é só um indicativo de que ele está sendo deixado de lado por algum motivo que só você, e mais ninguém, pode avaliar se é positivo ou negativo nesse momento da sua vida. Além disso, não é todo dia nem todo ano que você conseguirá movimentar os três campos por igual. Talvez demore para conseguir olhar para essa roda e se sentir satisfeita. Acredite: não há nada de errado com você. É assim comigo e com todo mundo.

Quando a frustração bater ou simplesmente precisar de uma energia extra, repita os mantras distribuídos ao longo deste livro. Se quiser espalhar esse lembrete pela casa, eu preparei uma série de cartazes que você pode baixar gratuitamente. Basta acessar o seguinte link:

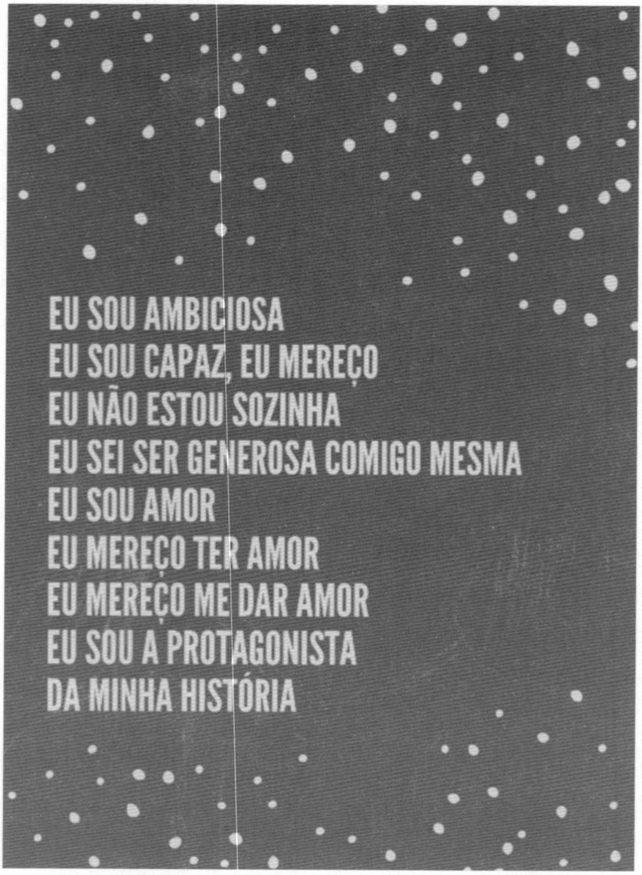

Por isso, minha amiga, lembre-se: nada é para sempre.

Tudo bem fazer escolhas com base no que é importante para a sua vida hoje.

Não gostou?

Mude.

Você tem total liberdade para isso.

O que os outros vão dizer?

Não sei.

O que eles vão pensar?

Também não sei, mas já parou para pensar que, lá no fundo, talvez não seja algo negativo, que eles apenas fiquem admirados pela sua coragem de ser a protagonista da sua história?

Pode ser que você se torne uma inspiração, ajudando a liberar não só mulheres, mas homens também, a seguirem seus destinos, a serem mais livres e, muito, muito mais felizes. É esse o destino das mulheres equilibristas, como você e eu.

> "Nosso medo mais profundo não é sermos inadequados. Nosso medo mais profundo é sermos poderosos além da medida. É a nossa luz, não a nossa escuridão, que mais nos assusta. Perguntamo-nos: 'Quem sou eu para ser brilhante, deslumbrante, talentoso, fabuloso?' Na verdade, quem é você para não ser? Você é um filho de Deus. Pensar pequeno não serve ao mundo. Não existe nenhum mérito em encolher para que outras pessoas não se sintam inseguras ao seu redor. Todos nós devemos brilhar, como as crianças. Nascemos para manifestar a glória de Deus que está dentro de nós. Não é apenas em alguns de nós; está em todo

mundo. E, quando deixamos nossa própria luz brilhar, inconscientemente damos às outras pessoas permissão para fazer o mesmo. Quando nos libertamos do nosso próprio medo, nossa presença libera automaticamente os outros."

Marianne Williamson, escritora[25]

Acredito que um novo movimento feminino está surgindo e, por causa dele, o mundo nunca mais será o mesmo. As evidências estão por toda parte. Filósofos, antropólogos, futuristas e especialistas com os mais diferentes perfis e propósitos estudam os benefícios que as caraterísticas femininas aportam aos mais diferentes sistemas que compõem a nossa realidade.

Seja no enfrentamento da pandemia, seja no remodelamento dos negócios e das organizações, a intuição, o otimismo, a delicadeza, a empatia e a colaboração estão em alta. Nenhuma máquina é capaz de reproduzir essas habilidades tão intrínsecas do nosso ser.

Acredite: somos a bola da vez e precisamos aproveitar esse espaço para mostrar que viemos para somar — aos homens, à comunidade, às organizações, ao planeta. Somos o equilíbrio perfeito quando conseguimos unir nossas melhores qualidades às dos homens. Isso vale para a família, para os relacionamentos em geral e para os negócios.

Nesses dez anos, tornei-me testemunha do empenho das mulheres equilibristas na construção desse novo mundo. Elas são seguras, confiantes, se apoiam e aprovam, além de apoiar e aprovar outras. Não estão interessadas em apontar dedos. Sabem que também erram e, com esses erros, aprendem, erram de novo e recomeçam. Vivem o presente, pois não há outra forma de construir o futuro sem deixar o passado para trás. Aprende-se com ele, que não dita mais regras nem define comportamentos.

As mulheres equilibristas abrem a roda, colocam-se a serviço, colaboram, assumem responsabilidades, cocriam, regeneram, amam, buscam inspiração no coração e, nos momentos mais desafiadores, olham para cima e veem, no céu, a mensagem de que sempre há tempo para brilhar, sempre há lugar para mais uma estrela.

Esse é o convite deste livro.

Chega de esconder o seu brilho.

O mundo só fica completo e melhor com ele.

12

A Biblioteca da Mulher Equilibrista

Ao longo deste livro, já mencionei várias obras que foram importantes para mim não só na fase de investigação, mas ao longo desses dez anos de laboratório. Uma das muitas vantagens dos tempos em que vivemos, porém, é a facilidade de acesso às mais diferentes fontes de informação e às mais diferentes histórias. É um convite diário a afinar a nossa escuta, a se reconhecer em outros rostos, a ampliar a nossa consciência e a acreditar em nós, na mudança, na ação e na transformação.

Por isso, fiz questão de incluir nestas páginas não só os meus livros de cabeceira, mas também filmes, documentários e conversas para você aprender, refletir, se entreter e se inspirar.

Lembre-se: este não é um livro de receitas. Não há fórmulas mágicas. Respeite seus valores e sua identidade. Esse é o caminho para tomar decisões capazes de movimentar sua carreira, guardar sua família e realizar os seus sonhos.

> "Eu aprendi que o caminho do progresso não é rápido nem fácil."
>
> **Marie Curie**, cientista[1]

Sobre Carreira

Livros

1. **Faça Acontecer** — Sheryl Sandberg
Meu livro de cabeceira por muito tempo, que me inspirou a praticar o "sente-se à mesa", além de passar a me impor com delicadeza. Eu me senti compreendida no decorrer das páginas dessa obra, que se tornou um convite para transformar minha realidade e "fazer acontecer" em casa, na família, nos negócios.

2. **A Decisão É Delas** — Lisa Witter e Lisa Chen
Valioso guia sobre a importância da mulher — e de como ainda não somos consideradas como merecemos. Demonstra, porém, que o impossível é apenas um desafio. Para isso, expõe histórias reais de mulheres que se apoiaram — inclusive, na política e em investimentos. Recomendado, principalmente, para quem almeja a carreira pública.

3. **Minha Mãe É um Negócio** — Patrícia Travassos e Ana Claudia Konichi
Provavelmente você reconhecerá uma das autoras — a atriz Patrícia Travassos, que já participou de novelas e liderou programas em canais como o GNT. Esse livro é fantástico para quem quer trabalhar e ficar perto da cria. Narra a experiência de dezenas de

mães que optaram por empreender após a maternidade. Une teoria e prática e dá uma "pincelada" na culpa.

4. **Liderança de Alto Nível** — Ken Blanchard
   Esse é um dos meus livros de liderança favoritos, pois esclarece que a maturidade e a motivação do liderado são fatores determinantes para a conduta de um líder e deve direcionar a intensidade do suporte, orientação e correção a ser dado. Não é uma obra direcionada para mulheres, mas a todo e qualquer profissional que exerce um papel de influência.

5. **Estratégias de Comunicação** — Loretta Malandro
   Essa recomendação também não se restringe às mulheres, mas a quem entende a importância de uma comunicação assertiva. Faz parte desta biblioteca pelas dicas práticas que expõe e, claro, por alavancar a responsabilidade do líder por comunicar e engajar os stakeholders, não só seus liderados, em seus projetos e visão. Aprendi a me comunicar melhor após praticar o que li aqui.

6. **A Coragem de Ser Imperfeito** — Brené Brown
   Talvez você tenha visto o TED ou o programa na Netflix. Independentemente da plataforma escolhida, o conteúdo de Brené é indispensável para entender temas que devem nos fortalecer — e não enfraquecer, como muitas de nós aprendeu. Mostrar-se vulnerável demanda coragem e confiança no outro e em si. Por isso, leia, veja, reveja, re-reveja... Sem moderação.

7. **Extraordinárias: Mulheres que Revolucionaram o Brasil** — Aryane Cararo e Duda Porto de Souza
   Esse livro é uma das poucas obras a descrever o mérito feminino no desenvolvimento da nação. Pouco se conhece sobre a

história de várias dessas mulheres e nós só podemos mudar isso e celebrar suas vidas ao tomar conhecimento das conquistas alcançadas por Dandara, Niède Guidon, Indianara Siqueira, Maria Quitéria, Ana Neri e Madalena Caramuru, entre outras.

8. **O Momento de Voar** — Melinda Gates
Nessa obra, a esposa de Bill Gates compartilha a história de mulheres que lutam pela igualdade em todo o mundo e conta como se sentiu encorajada pelos relatos. Gosto quando ela afirma que "dar às mulheres uma voz plena dá poder a todos". Repito isso sempre. Também concordo como as evidências de que esta mudança seja possível, ainda que em pequer os passos.

9. **Lugar de Mulher É Onde Ela Quiser** — Patrícia Lages
A autora é jornalista e vem aproximando, por meio das redes sociais, as mulheres das finanças. Com esse livro, ela mira em descomplicar a ascensão feminina no mercado de trabalho — seja como empreendedora ou dentro de uma empresa. A obra também promete ajudar de forma prática e dinâmica quem ainda não se encontrou e sonha em encontrar o seu lugar.

10. **Vai um Cafezinho?** — Luciana Medeiros
Que tal se inspirar na história de uma mulher persistente e criativa? Essa é a proposta desse livro. Maria Luisa Rodenbeck trouxe a Starbucks para o Brasil, após nove anos de insistência. A obra foi escrita a partir de entrevistas com mais de uma centena de pessoas que conviveram com a empresá ia já falecida. Ela viu seu sonho se tornar realidade — e um muito lucrativo, diga-se de passagem.

Filmes, Seriados e Documentários

1. **A Magia Além das Palavras**

   Esse filme já faz parte do workshop. Conta a história de J. K. Rowling — sim, a autora da saga *Harry Potter* — e muda a opinião de quem pensa que sucesso é sorte. É emocionante, pois retrata a vida de muitas de nós, em algumas partes. Posso dar um pequeno *spoiler*? Ela foca sua vida após o nascimento da filha, mostrando que carreira, maternidade e sonhos não são excludentes.

2. **Não Sei Como Ela Consegue**

   Que delícia é assistir a esse filme, que mostra a ginástica de uma executiva para conciliar marido, filhos, chefe, cliente... ufa, haja fôlego! Confesso: também utilizo alguns minutinhos no laboratório a fim de sensibilizar as mulheres e mostrar que alguns dilemas são comuns a todas nós. É fácil se identificar com algumas cenas, sentir-se compreendida e até passar a ver a rotina com mais leveza.

3. **Mulher Maravilha**

   Quem me conhece sabe que não sou defensora de que devemos ser super-heroínas para dar conta de tudo. No entanto, recomendo esse filme, que arrasou na bilheteria pela força, altruísmo, sensibilidade, sabedoria e beleza que expressa. O poder daquela supermulher também está, acredito, em cada uma de nós. Daí ter se tornado, na minha opinião, uma grande homenagem a nós.

4. **Moana: Um Mar de Aventuras**

   Nós já concordamos que a representatividade é importante, pois fomenta em meninas e mulheres a vontade de ir além. E é por isso que vibro quando o cinema dá espaço a histórias como essa.

Moana é uma animação e tem como heroína uma menina destemida que segue o seu instinto e o seu coração, mesmo contra a vontade dos seus pais. Imperdível!

5. **Zootopia**

   Outra animação que parece despretensiosa, mas é uma graça. Judy Hopps, uma coelha, é ridicularizada por ser fêmea, sofre preconceito e é diminuída. Uma personagem feminina faz as vezes de vilã da história, gerando de forma inteligente uma reflexão em todas nós, que convivemos sob o estigma da competição. Afinal, tem mulher que constrói, mas também tem quem destrói.

6. **Estrelas Além do Tempo**

   Mulheres, negras, superdotadas, com emprego na NASA, em 1960. O que lhe parece? Essa é a história de Katharine Johnson, Dorothy Vaughan e Mary Jackson, que, competentes e seguras de si, ousaram sair de funções subutilizadas para liderar uma das maiores operações tecnológicas da história. Hoje reconhecido, o heroísmo foi além do que o filme mostra. Emocionante!

7. **Shine On With Reese**

   Documentário da Netflix para mulheres que acreditam na força do empoderamento feminino. Reese Witherspoon entrevista mulheres que admira, como a cantora P!nk, cuja maternidade transformou a mulher, considerada rebelde, sobretudo na adolescência, que traz um olhar novo e original de mundo. Também gostei das histórias de Cleo Wade e Elaine Welteroth, que têm um projeto inspirador com meninas.

8. **Erin Brockovich**

   Quem segura uma mulher determinada? Essa é a história de uma mãe solteira de três filhos, que se doa a um trabalho para o qual, em princípio, não tinha qualificação suficiente. Com muita determinação e persistência, desvenda um escândalo relacionado ao meio ambiente que afeta a saúde de moradores de uma cidade dos Estados Unidos. Uma história real que serve como prova de que nada pode nos parar.

9. **Joy – O Nome do Sucesso**
   Mais um filme baseado em uma história real. Joy Mangano descobriu que a necessidade não era só sua, acreditou no seu instinto e criou um produto revolucionário para as donas de casa. Sua vida não foi fácil: foi enganada e quase perdeu tudo. Mas o que a reergueu? Sua essência verdadeira: a voz e a força do seu coração. Outro modo de dizer que o sucesso não vem de graça.

10. **A Dama de Ferro**
    Em 1979, o mundo viu, pela primeira vez na história da Europa, uma mulher na chefia de um governo. Durante doze anos, Margaret Thatcher foi a primeira-ministra da Grã-Bretanha e se tornou um ícone do liberalismo econômico diante das medidas que implementou. O filme, que tem Meryl Streep no papel principal, traz alguns trechos de sua trajetória.

TED e outras conversas:

1. **Day 1 / A Generosidade Transforma Negócios** — Luiza Trajano
   Ela não montou a Magazine Luiza, mas a transformou na potência que é hoje. Admiro essa mulher equilibrista como empresária, mãe, esposa e pessoa. Tem visão de negócios e de futuro, além de muita humildade, apesar de todo o sucesso e visibilidade que

alcançou. Levanta, ainda, uma bandeira feminina com o Grupo Mulheres do Brasil, que defende várias causas. Sou super fã.

Inspire-se: https://www.youtube.com/watch?v=bew5KzrV-7w&t=877s

2. **TEXxColumbusWomen / Know Your Worth and then Ask for it**[2] — Casey Brown
   Nós já falamos sobre a dificuldade da mulher de se impor e se valorizar. Isso não acontece somente em uma sala de reunião. Vejo muitas empreendedoras que não conseguem precificar seu produto ou serviço como deveriam, mesmo sabendo de todos os seus atributos. Bom, prometo que isso será passado depois de assistir e aplicar o que Casey, que é consultora, sugere.

   Inspire-se: https://www.ted.com/talks/casey_brown_know_your_worth_and_then_ask_for_it

3. **TEDxSaoPauloSalon / Do Sonho à Realidade** — Sonia Hess de Souza
   A Dudalina se tornou uma das marcas mais prestigiadas do Brasil, e pouca gente imagina como começou essa história. Nesse vídeo, Sonia, mais uma líder brasileira inspiradora, resgata como os pais transformaram o sonho em realidade e fala sobre o seu papel na ascensão da marca. Desde 2013, ela se dedica ao Terceiro Setor. Fundou junto com Luiza Trajano o Mulheres do Brasil.

   Inspire-se: https://www.youtube.com/watch?v=3LPtsLQY_Cg

4. **Day 1 / Os Sonhos Que Eu Tenho Não Têm Limite** — Paola Carosella
   Quem vê hoje a chef argentina, dona de duas redes e ex-jurada do MasterChef Brasil, nem imagina que uma noite, aos 40 anos e mãe de uma filha pequena, ela se desesperou diante do "estado" que estava a sua vida: "vivendo" no cheque especial, com um

relacionamento e um restaurante falidos. Nesse vídeo, ela conta, de forma humana, honesta e comovente, como foi a sua virada.

Inspire-se: https://www.youtube.com/watch?v=Cq_OBKFS-as

5. **Projeto Estelar / Imagine e Faça** — Paola de Orleans e Bragança e Bárbara Soalheiro
Arriscar-se e tomar decisões é um ato de coragem. O "Mesa & Cadeira" é uma empresa que criou uma metodologia rápida e fácil, voltada à prática e à aprendizagem. Sua criadora, a Bárbara, comunica seu propósito e projeto de uma forma simples e eficaz, que pode ajudar a transformar ambientes, comunidades e o mundo. Atenção às dicas finais dela!

Inspire-se: https://www.youtube.com/watch?v=f5Ok_qGJF0k

6. **TEDxSão Paulo / Sobre Autoconhecimento e as Nossas Inteligências Múltiplas** — Bruna Lombardi
Muito além de uma atriz que fica mais linda com o passar dos anos, Bruna tem tanta leveza nas palavras, que nos inspira a lembrar como as coisas são simples e somos nós que as tornamos complexas. Gosto do modo como a emoção inteligente dela vem à tona nessa história. Ativista ambiental, ela criou também a Rede Felicidade, voltada ao equilíbrio entre mente, corpo e espírito.

Inspire-se: https://www.youtube.com/watch?v=EoYYDYec8WQ

7. **TED / Why Do Ambitious Women Have Flat Heads?**[3] — Dame Stephanie Shirley
Se você ainda não conhece essa apresentação, pare tudo e veja agora. "Decidi fazer da minha vida uma vida que valesse ser salva", declara essa mulher, que, ao lado de outras, voltou ao mercado de trabalho, na década de 1960, após uma pausa na carreira,

e inovou com métodos flexíveis. Com humor inigualável, aborda sua luta pela igualdade de gênero. Aposto que você vai se encantar como eu.

Inspire-se: https://www.youtube.com/watch?v=Ftow7dSpaiY

8. **TED / A Linguagem Corporal Molda Quem Você É** — Amy Cuddy
   Eu já comentei sobre esse TED no Capítulo 2 e faço questão de reforçá-lo aqui. Eu mesma demorei para praticar — tamanha era minha dúvida em relação ao meu potencial e aos efeitos da técnica. Hoje sou grata à Amy Cuddy pelo seu trabalho. Acredite: tudo na nossa vida, antes de ser natural ou automático, é meio mecânico — andar, comer e dirigir são bons exemplos. Faça o teste!

   Inspire-se: https://www.youtube.com/watch?v=ZjX9J43Swr8

9. **TED / Teach Girls Bravery, Not Perfection**[4] — Resma Saujani
   Essa mulher corajosa, após ser derrotada nas eleições, avançou em outra área e criou a *Girls Who Code*, startup que ensina meninas a programarem. Para ela, nós fomos criadas para sermos perfeitas, e os meninos, corajosos. É preciso e possível quebrar esse padrão. Por isso, Resma menciona três exemplos de meninas que, com sua perfeita imperfeição, aprenderam a programar os seus sonhos.

   Inspire-se: https://www.youtube.com/watch?v=fC9da6eqaqg

10. **TED / Why We Have Too Few Women Leaders**[5] — Sheryl Sandberg
    Esse foi o meu primeiro contato com Sheryl, do qual nunca mais me desconectei. Foi também um dos primeiros posts na *fanpage* Mulheres Equilibristas. Aprecio a forma serena como ela trata temas complexos e de como assume responsabilidade pela

mudança. Percebeu, por exemplo, que dava mais voz aos homens que às mulheres. Exercício importante para transformar a realidade.

Inspire-se: https://www.youtube.com/watch?v=18uDutylDa4

> "O seu eu mais verdadeiro e autêntico é a sua maior superpotência."
>
> **America Ferrera**, atriz[6]

Sobre Família

Livros

1. **Amor, Felicidade & Companhia** — Içami Tiba
Içami, *in memorian*, ajudou-me a educar o Matheus. Essa obra, lançada em 1998, traz questões do dia a dia, como não carregar a mochila do filho para desenvolver sua autonomia e senso de responsabilidade. Uma ajuda pontual deve ser sempre acompanhada de uma explicação para que a criança saiba que não será assim sempre. São dicas aplicáveis e imperdíveis. Sou fã também de outros livros, como *Quem ama, educa!*

2. **Pais e Educadores de Alta Performance** — Içami Tiba
Uma frase desse livro se conecta comigo até hoje: "É preciso muito amor para cobrar de um filho o que ele deve fazer." Que frio na barriga! Foi assim que aprendi a separar as figuras de mãe, que

mima, faz drama, chora e se culpa, e a educadora, que forma o filho e se mantém firme nessa missão de educar. O segredo é saber quando a mãe deve atuar ou a educadora, assumir. Só assim nossos filhos saberão como educar os deles.

3. **Pais Brilhantes, Professores Fascinantes** — Augusto Cury
Esse livro me ajudou como mãe e facilitadora. Gosto muito de Cury, fiz cursos com ele e selecionei esse livro dado o foco no desenvolvimento de filhos e alunos saudáveis e sábios por meio de sete hábitos compartilhados por pais e professores brilhantes. As histórias são um presente de como prepará-los para os aplausos, mas sobretudo para os tropeços, além de como cuidar da autoestima dos filhos através da nossa.

4. **O Sexo Mais Rico** — Lisa Mundy
Já vemos as mulheres sustentando cada vez mais lares. Assim sendo, a relação com o casamento pode mudar. Há, por exemplo, quem não se sinta apta a pedir o divórcio por depender do marido e se sinta insegura para iniciar uma carreira com mais de 50 anos. Com essa transformação, a fórmula de "famílias felizes" pode ser diferente ou nem existir, porque cada núcleo será feliz à sua maneira. Uma boa reflexão!

5. **Amor Demais** — Osvaldo Poli
A sensação de culpa nos leva a um erro chamado "compensação". Queremos remediar o tempo que estivemos fora ou o que acreditamos ter feito de errado preparando armadilhas para nós mesmas. O amor autêntico é produtivo e recíproco. "O mundo tem necessidade de mulheres verdadeiras, de mães livres, vivas e seguras de seu amor. E os filhos têm necessidade de independência, de mães ternas e fortes", destaca o autor.

6. **Por Que os Homens Amam as Mulheres Poderosas** — Sherry Argov
Esse bem-humorado livro traz casos práticos de por que mulheres boazinhas infelizmente não são tão atrativas. A confiança em si mesma, nos seus valores e em seus objetivos, desafia o parceiro. Ao contrário do que muitas de nós aprendemos, estar à disposição dele a todo momento pode ser bacana no início, mas cansa logo. Eles nascem com o instinto de caça, e é por isso que é tão importante liberar nosso poder pessoal.

7. **Mãe Recém-Nascida** — Thais Vilarinho
Quando meu filho nasceu, pensei em escrever o livro *O que ninguém conta sobre ser mãe*. Eu não o fiz, mas Thais, felizmente, lançou uma obra, anos depois, com a mesma linha da minha ideia. É um conforto para a mãe, mas também um choque. Um abraço, mas uma conexão com uma nova realidade. Um alerta sobre o que pensávamos que sabíamos, mas descobrimos que nascemos em um "mundo paralelo": o da maternidade.

8. **A Escolha do Cônjuge** — Iara Camaratta Anton
Com uma linguagem terapêutica densa e profunda, esse livro explica por que é tão desafiador escolher um companheiro. A atração entre duas pessoas passa por processos inconscientes e mutáveis. O conteúdo navega por amor, sexualidade e formação de famílias, além de funções e disfunções na relação. Amar e ser amada — esse é um exercício a ser treinado por toda a vida ao lado do cônjuge escolhido.

9. **A Mamãe É Punk** — Ana Cardoso
Descobri esse livro ao assistir a uma palestra da Ana, no LIDE Mulher, em Florianópolis. É divertido e cheio de dicas práticas,

como o checklist para divisão das atividades domésticas com Marcos Piangers e suas filhas, equilibrando as tarefas da sala, cozinha, lavanderia e banheiros. Enfim, solução simples e eficaz que mostra que a responsabilidade é de todos que moram em casa, não apenas da esposa e mãe.

10. **Nascidos para Amar** — Pasquale Ionata
Nesse livro, Pasquale traz temas pertinentes a todo ser humano: construção do próprio ser e senso de pertencimento. E esses dois fatores temperados com um instinto ao Divino. É uma psicoterapia que nos mostra que o sucesso e a felicidade virão por meio da nossa capacidade de amar. "O homem tem um único objetivo na vida: ser capaz de amar, corresponder ao amor de Deus", destaca o autor.

Filmes, Seriados e Documentários

1. **A Vida Secreta das Abelhas**
Com uma trilha sonora que acalma minha alma, esse drama aborda abandono, culpa, questões raciais, injustiças e, o que eu amo, superação. É cheio de recados sutis, como a cena em que May, enquanto faz tranças em Lily e conversa sobre o pai e pessoas difíceis, diz que todos nós fazemos o melhor que conseguimos... Sensibilidade, amizade, amor, sororidade... está tudo lá.

2. **Bebês em Foco**
Muitas descobertas sobre o que acontece no cérebro do bebê (o mais desafiador de todos), mas também no da mãe e do pai. Essa série fala sobre as preocupações que nascem com o bebê e que nunca mais "desligam", mesmo ao se tornarem adultos. Uma

loucura! Quisera eu saber disso quando Matheus era bebê! Teria acertado mais e errado menos. Imperdível para gestantes e mães de crianças pequenas.

3. **Modern Family**
Sabe aquele seriado leve e engraçado sobre problemas comuns a todas as famílias? É esse — e sempre com um final feliz a cada episódio, sem armadilha para o cérebro se entregar a uma maratona. Os problemas são sempre dourados com soluções que conhecemos, mas não tão fáceis de se aplicar. Tem humor, tem amor, tem confusão, além de três famílias que formam uma só. Divirta-se!

4. **O Maior Amor do Mundo**
O que mais me chamou atenção, no início, foi o elenco, mas logo me perdi nas lindas e envolventes histórias, que aguçam nosso amor incondicional de mãe e de pai. Quando as personagens expõem suas dores, nós as conectamos com as nossas. Quando buscam a superação, também nos conectamos com as nossas forças. É inspirador! Mexeu comigo — sob vários aspectos.

5. **O Começo da Vida**
Documentário belíssimo, com pesquisas e depoimentos de pais de vários países sobre os primeiros mil dias dos bebês, verdadeiras esponjas e máquinas de aprendizagem, que sugam tudo o que veem, devido às centenas de milhares de conexões neurônicas que fazem todos os dias. Além disso, mostra pais que puderam e não puderam abrir mão da carreira para se dedicar aos filhos.

6. **Estão Todos Bem**

   Filme que retrata uma realidade comum: o pai que se dedica muito ao trabalho para garantir um bom futuro aos filhos e, por consequência, passa pouco tempo com eles. A mãe se torna o elo da família. Após, um Dia de Ação de Graças em que ninguém comparece, o pai resolve investigar o que aconteceu. É lindo, pois nos faz pensar se estamos conseguindo equilibrar nossos pratinhos.

7. **Dumplin'**

   Comecei a assistir porque a sinopse falava sobre questionar padrões de beleza, assunto que sempre me interessou. Lancei-me sem grandes expectativas, mas me deparei com um filme que mostra belezas tão belas quanto a força, a capacidade, a inteligência, a lealdade, a autoconfiança, a superação, a segurança e a amizade. Mensagem: a sua beleza é única. Não se esqueça disso.

8. **O Clube das Mães Solteiras**

   Single mom refere-se, nos Estados Unidos, a mães viúvas, solteiras ou divorciadas e me faz lembrar do Papa, que disse que não existem mães solteiras, mas mães. "Mãe não é estado civil." O filme se aproxima muito da realidade de quem precisa criar os filhos sozinha ao colocar cinco mulheres, com histórias e profissões diferentes, para se ajudar, até que um contratempo abala o grupo.

9. **Mãe e Muito Mais**

   Chegou a vez de falar com as mães de filhos já "criados". Três mulheres aproveitam o Dia das Mães para "aprontar" com os filhos que se esqueceram delas nessa data tão especial. Com bom humor, o filme mostra o quanto nós, às vezes, somos controladoras. Acreditamos que o nosso jeito é o correto, o melhor e que assim deve ser. Infelizmente, nem sempre é. Rende boas risadas.

10. Tomates Verdes Fritos

Esse filme, que me marcou na década de 1990, tem tudo a ver com a amizade, a sororidade (termo que, talvez, não fosse conhecido na época) e a beleza das gerações, com suas dores e lutas, além da famosa receita de tomates verdes fritos, servidos na lanchonete de Igdie. Todas com muito a aprender e ensinar. Quando amigos estão por perto, até a morte pode ser amenizada. É lindo!

TED e outras conversas:

1. **Projeto Estelar / Maternidade, que Promessa É Essa?** — Paola de Orleans e Bragança e Barbara Thomaz

   Mãe de dois filhos abre suas feridas — sensação de traição, assédio moral, a transição de carreira —, de executiva à empreendedora. Pode ser uma opção, mas não a única, porque nem todas têm o perfil para empreender com sucesso e flexibilidade. Cuidado com esse mito! Dica: mulheres, mães, ouçam sua voz, vençam seus medos e tirem tempo para vocês, só para vocês. Isso é autoamor.

   Inspire-se: https://www.youtube.com/watch?v=cZckjxYw_o4&t=185s

2. **Eu Vejo / Como Parar de Se Julgar o Tempo Todo** — Daiana Garbin e Viviam Vargas de Barros

   Recomendei e sempre recomendo às minhas coachees e mentoradas. É preciso reconhecer o desejo de paz e felicidade e buscar a conexão com esse desejo. Além de assistir, já comece a praticar. Excelente condução de Viviam Vargas de Barros. Estou sempre treinando um olhar de apreciação em mim e na minha vida. É um autocuidado simples e poderoso. Vamos?

   Inspire-se: https://www.youtube.com/watch?v=dFjucbHhS6Y

3. **Saia Justa / O Retorno ao Trabalho Após a Maternidade** — Pitty, Mônica Martelli, Gaby Amarantos e Astrid Fontenelle
As apresentadoras do programa da GNT debatem um dos momentos mais delicados para mães e filhos: voltar ao mercado de trabalho. Para muitas mulheres, esse é o grande dilema, pois parece que precisam escolher: ou trabalham ou criam os filhos. Será? Com esse tema em pauta, as quatro, todas mães, também falam da importância do gerenciamento da culpa para ter um final feliz.

   Inspire-se: https://www.youtube.com/watch?v=we5U7RRdi-8

4. **Cria Que o Filho É Teu / Construir a Relação entre os Pais e Filhos para o Futuro** — Paulinha
Em 48 segundos, uma mensagem incrível nos é enviada. Não tem desculpa, hein? Em menos de um minuto, Paulinha discorre sobre como a relação com os filhos tem raízes na relação com os pais. Sabe o que isso quer dizer? A forma como vemos e tratamos nossos pais tem influência direta na relação com os nossos filhos. É um espelho! Respire fundo, tome coragem e assista.

   Inspire-se: https://www.youtube.com/watch?v=PVkcufuh1VQ

5. **TEDWomen 2013 / So We Leaned In, Now What?**[7] — Sheryl Sandberg
Nessa conversa, a COO do Facebook conta como venceu o desafio de falar sobre mulheres, mulheres na liderança, mulheres na tecnologia e mulheres à frente de decisões estratégicas. Com muito humor, essa entrevista de Sheryl traz à tona questões relevantes e ainda vigentes. É imperdível! Toca, ainda, em um ponto intrigante do seu livro: o que você faria se não tivesse medo?

   Inspire-se: https://www.ted.com/talks/sheryl_sandberg_so_we_leaned_in_now_what#t-6132

6. **TEDxHostoun / O Poder da Vulnerabilidade** — Brené Brown
Que bom que uma cientista resolveu pesquisar, aprofundar e desmistificar que a vulnerabilidade está ligada à coragem, à autoconfiança e à força. Esse TED é incrível, e se você gostou, vai amar o documentário na Netflix, onde Brené traz humor ao drama e vida a um tema polêmico. Com muita autenticidade, sua linguagem a faz se conectar conosco em vários momentos emocionantes.

   Inspire-se: https://www.ted.com/talks/brene_brown_the_power_of_vulnerability?language=pt-br

7. **Virgin / Encontro com o Autor** — Michelle Obama
Nessa entrevista, a ex-primeira dama dos Estados Unidos fala abertamente sobre política, além de como construir e sustentar um casamento forte. Conta sobre suas lutas para engravidar e o desafio de educar as filhas com os valores da sua família, não tão poderosa como a família Obama é hoje. A entrevista é um belo petisco para a biografia e o documentário disponível na Netflix.

   Inspire-se: https://www.youtube.com/watch?v=yqcevP1eAbE

8. **TEDxYouth@pHSchool / Comida, Família, Coragem e Amor para Ser um Líder de Si Mesmo** — Bianca Laufer
TED incrível com três histórias que misturam família, amor e trabalho. Bianca, economista formada pela PUC-Rio, conta como descobriu o empreendedorismo, além dos desafios para quem se aventura no Brasil. Garra, coragem e confiança são as características dessa mulher, que "engarrafou" seu amor, através da sua história de vida. É inspirador. Obrigada, Bianca.

   Inspire-se: https://www.youtube.com/watch?v=wtyPlhtZguo

9. **TEDxSãoPaulo / A Fome do Saber** — Heloisa Schurmann
Eu conheci essa família linda em 1996, ainda em Cascavel, e a reencontrei nesse TED, doze anos depois. Sempre acreditaram no sonho, independentemente das opiniões contrárias, e romperam paradigmas até para educar os filhos, com Helô conectando prática à teoria. Com os três filhos formados, mais um presente: Kat, uma fonte de luz, vida, motivação e vontade de ser melhor.
Inspire-se: https://www.youtube.com/watch?v=Ik6E0RhaZCk

10. **Canal GNT / Meditação e Ioga: Mente em Paz Faz Viver Bem** — Fernanda Lima e Monja Coen
Em uma viagem ao Japão, a atriz teve cinco encontros com a monja, e selecionei esse porque reconheço os benefícios na minha vida para amenizar a TPM, entrar em contato comigo mesma, aumentar minha inteligência emocional, silenciar e respirar. Ioga e meditação é ação, reflexão, aperfeiçoamento, observação, aprendizado, cuidado e conexão com a Terra.
Inspire-se: https://www.youtube.com/watch?v=j8mZE2XQ5rA

> "Não somos feitas para ser franzinas, de cabelos frágeis, incapazes de saltar, de perseguir, de parir, de criar vida. Uma mulher saudável assemelha-se a um lobo: robusta, plena, com grande força vital, que dá vida, que tem consciência do seu território, engenhosa, leal,

que gosta de perambular. A mulher selvagem carrega consigo os elementos para a cura; traz tudo que a mulher precisa ser e saber. Ela é tanto veículo quanto destino."

Clarissa Pínkola Estés, psicóloga[8]

◎ Sobre Sonhos

Livros

1. **Mães Que Mudaram o Mundo** — Billy Graham
O autor conta a história de mulheres como Pauline Einstein e Alberta Williams King, mães de Albert Einsten e Martin Luther King Jr., respectivamente. Não deixa de lado nem Eva, Maria e mães do coração, como Elizabeth Anne Everest, babá de Winston Churchill. O que elas fizeram para despertar a genialidade de seus filhos? Dedicação. Imperdível!

2. **A Mulher e Seus Segredos** — Dr. Luis Cuschnir
Psiquiatra e psicoterapeuta, o autor nos entende e desvenda "o mapa da alma feminina". Duvida? Veja isto: "Para entender uma mulher, é preciso compreender mais do que ela diz, é necessário entender o que ela quer dizer. Esse querer fica em segundo plano... que precisa vir para o primeiro plano. O plano das sensações e sentimentos não ditos, mas que estão guardados no fundo da alma feminina."

3. **O Céu Dentro da Mente** — de Pasquale Ionata
Gostei tanto, que comprei cinco exemplares e dei de presente. Já li e reli tantas vezes, que está todo sublinhado. Além dos três A's terapêuticos, deixo uma frase que me "ancora": "O amor profundo exclui a infidelidade. Pois, um casal afetiva e sexualmente satisfeito tem raras incitações centrífugas, basta-se a si mesmo e não tem olhos para ninguém mais do que seu cônjuge."

4. **Um Novo Caminho** — Chiara Lubich
A espiritualidade da Unidade é um novo caminho, com um profundo respeito pelo outro. Somos todos seres humanos, todos iguais. Daí sermos um, ainda que com formas diferentes de amar, todas bonitas. Esse livro é um convite para se deixar guiar pelo Amor, a sabedoria interna que temos ou recebemos. Ele é tão intenso que nos ensina até a ver Amor onde parece só existir… dor. Necessário.

5. **Meditações para Mulheres Que Fazem Demais** — Anne Wilson Schaef
Pouco conhecida aqui, Anne tem outras obras fantásticas, mas selecionei essa pelo cuidado em dedicar uma meditação curta para cada dia do ano, além de um bônus de exercícios alternativos. Gosto muito de uma, com uma frase da sufragista Nellie McClung: "Nunca recue, nunca se explique, nunca se desculpe… faça o que tem que ser feito e deixe que reclamem à vontade." Em suma: quando sentimos clareza, não precisamos perder tempo nos justificando.

6. **Mulheres Que Correm com Lobos** — Clarissa Pinkola Estés
Protelei essa leitura porque sabia que mexeria comigo — o que, de fato, ocorreu. Através de contos ligados à essência feminina, Clarissa nos mostra como essa foi desviada ou até mesmo

perdida ao longo dos anos, colaborando para muitos de nossos erros e desencontros na vida. A mulher selvagem nos leva à felicidade, revela nossas fortalezas e resgata a sensação de "aqui é o meu lugar".

7. **Milagres Que Acontecem** — Mary Kay Ash
Ganhei esse livro de uma mulher equilibrista, Patrícia Stein, que trabalhava com Mary Kay. Com autoconfiança, ela enfrentou tudo e todos, até mesmo a vergonha de vender panelas e perucas, antes de chegar aos produtos de beleza. Resumo seu segredo: deseje o sucesso; adquira conhecimento; dedique-se. Os dois primeiros não a levarão muito longe sem trabalho duro.

8. **Aprendizados** — Gisele Bündchen
Essa mulher equilibrista validou muitos pontos que já tratava nos laboratórios. O sucesso não é obra do acaso, e o autoconhecimento é o caminho para "virar a chave" para muitas questões. "Eu sempre acreditei que, quando você começa a se sentir vítima, abdica do próprio poder, e talvez seja difícil conseguir recuperá-lo. Graças ao yoga e à meditação, comecei a me questionar: Gisele, por que esta situação está acontecendo com você? O que você pode aprender? Qual oportunidade posso aproveitar?", ensina.

9. **Homens São de Marte, Mulheres São de Vênus** — John Gray
Gosto da forma inteligente e bem-humorada de apresentar as diferenças entre os sexos. Eu a desafio a ler sem rir. Na minha opinião, é inevitável, porque, seguramente, você já se deparou com alguma das situações relatadas no livro. O que nós falamos e o que eles entendem é bem diferente — e o mesmo vale para nós. É um guia prático, que me ajudou na comunicação com o sexo oposto.

10. **Mulheres sob Todas as Luzes** — Patrícia Rocha

Esse livro é sensacional, e já o citei aqui. É uma viagem histórica sobre a origem das mulheres — da Idade Antiga à contemporânea. Aprendi muito sobre as diferenças entre os gêneros, como a sociedade passou de matriarcal para patriarcal, o que há por trás do comportamento de cada um. É também um convite à emancipação feminina. Bora?

Filmes, Seriados e Documentários

1. **Como Estrelas na Terra**

   Recebi essa indicação quando meu filho tinha 8 anos e tinha dificuldade para aprender a ler e a escrever. Assisti com ele, pelo YouTube, lendo as legendas para ele. O filme, uma mistura de lindo e triste, nos prende até o belo final (perdoe-me o *spoiler*). Agradeço até hoje à Débora Helena Porto, que me ajudou muito com suas terapias por essa indicação valiosa.

2. **Resgate do Coração**

   Muito mais do que uma comédia romântica com roteiro batido, esse filme mostra que, às vezes, perdemo-nos ao fazer escolhas distantes da nossa essência e do nosso propósito. Após um choque de abalar a alma, a protagonista, que sempre fez o que acreditava ser certo, como muitas de nós, aceita seu destino e segue seu caminho guiada pelos seus instintos e sentimentos. Lindo, lindo.

3. **Walt nos Bastidores de Mary Poppins**

   Outra pessoa para nos mostrar que o sucesso não é ao acaso. Walt Disney, cuja história já conhecemos, foi persistente para convencer a escritora de Mary Poppins a dar vida à sua obra. É um filme inteligente, com atores incríveis, que mostra a realidade e as razões de cada um. A sensibilidade de Disney é decisiva entre vencer ou perder. Um belíssimo filme que dispara vários insights.

4. **Heal — O Poder da Mente**
   Esse documentário defende que a mente interfere na saúde física e mental. Na minha opinião, é fantástico. Explica como, muitas vezes, a cura só depende de nós. Vale a pena conhecer e testar algumas sugestões que fizerem sentido para você. Eu busco aplicar a alimentação e os hábitos saudáveis, além de me conectar com pessoas saudáveis e ambientes mais positivos.

5. **Coco Antes de Chanel**
   Sabe o famoso "pretinho básico"? Veio dela! Essa mulher criou estilo em uma época que até para cavalgar a mulher tinha de estar de vestido longo e espartilho. Haja equilíbrio! Forte e determinada, autêntica e original. É dela frases como: "A melhor cor do mundo é a que fica bem em você" e "Não é o aparecimento, é a essência. Não é o dinheiro, é a educação. Não é a roupa, é a classe".

6. **Frida**
   Esse belo filme traz um recorte de quem foi Frida — foca mais no romance com Diego Rivera, seu grande amor. Ainda assim, mostra uma mulher à frente do seu tempo, que, mesmo imobilizada, não deixava de pintar. Daí a famosa frase: "Para que preciso de pés se tenho asas para voar?" A minha preferida, porém, é: "Eu costumava achar que eu era a pessoa mais estranha do mundo, mas aí eu pensei: tem que ter alguém como eu, que se sinta bizarra e imperfeita, da mesma maneira como eu me sinto."

7. Divertida Mente

Gestão das emoções? Ela tem. Simplicidade para explicar um assunto denso? Ela tem. Um enredo envolvente? Ela tem. Humor para lidar com algumas situações tensas? Ela também tem. A grande mensagem dessa animação inteligente é que a alegria precisa da tristeza, todos têm valor e serventia na nossa vida. Seríamos insuportáveis se fôssemos alegres todos os dias. Doce ilusão.

8. Anne With An E

Eu, que acreditava ser intensa, me surpreendi com essa heroína, rainha da confusão e mestre na arte de expressar sentimentos, ainda que nem sempre de forma equilibrada — afinal, ela tem só 13 anos. Em alguns episódios, peguei-me pensando: por que eu não me expresso assim, na profundidade da alegria, sem medo do exagero ou do ridículo? Cuidado: é difícil desgrudar...

9. Comer, Rezar, Amar

A vida é linda até deixar de ser — e até Julia Roberts passa por isso. 😉 Depois de ver "tudo desmoronar", Liz se lança em uma viagem de autodescoberta e nos faz um convite a um confronto com nossas conveniências. Mesmo reconhecendo quão precioso é, seria um desafio para mim ficar em silêncio por muitos dias. Às vezes, precisamos nos encontrar primeiro para depois encontrar o restante.

10. Beleza Oculta

O amor, o tempo, a morte... Um drama lindo que me ganhou em um domingo de chuva lá fora, com uma xícara de café aqui dentro. Surpreende pela forma com que se desenrola. Parei em algumas passagens para refletir, por diferentes ângulos, a profundidade dos diálogos. Alerta: a crítica detonou o filme, mas meus critérios são, certamente, diferentes.

TED e Outras Conversas:

1. **Projeto Estelar / Viva com Leveza** — Paola de Bragança e Orleans e Kareemi

   Aceitar sem questionar e acreditar que o que está acontecendo é por amor. Agradecer e não lamentar. Em 5 minutos, essa é a mensagem dessa mulher forte: expresse seu amor, porque você pode não ter uma segunda chance. Sem um pingo de vitimização, Kareemi encara a realidade com leveza e sugere um exercício fantástico para interpretar e resolver as questões da vida.

   Inspire-se: https://www.youtube.com/watch?v=YN9Dq2FQ0Pc

2. **TED 2007 / Isabel Allende Conta Histórias de Paixão** — Isabel Allende

   Com bom humor, a escritora segue seu coração e conta feitos de mulheres que melhoraram sua realidade. Aborda de uma maneira inteligente a desigualdade de gênero e, sobretudo, o que ocorre quando se dá poder a uma mulher: distribuição de prosperidade, algo atestado também por Melinda Gates. Por fim, Isabel também nos convida a tornar o mundo um lugar bom, quase perfeito.

   Inspire-se: https://www.ted.com/talks/isabel_allende_tales_of_passion?language=pt-br.

3. **Stanford / Steve Jobs' 2005 Stanford Commencement Address** — Steve Jobs

   Das várias qualidades que possuía, a de exímio orador é uma das que mais aprecio em Jobs. Pergunto-me se não foi ele também o inventor do storytelling... Aqui, ele conta três histórias relevantes da sua vida (ele tinha a regra dos três, lembra?), que podem ser resumidas em: nada acontece por acaso, ame o que faz e, finalmente, não pare de aprender, mesmo com a proximidade da morte.

Inspire-se: https://www.youtube.com/watch?v=UF8uR6Z6KLc

4. **TEDxCentroUniversitárioFAGWomen / Quem é Você pro Mundo?** — Maria Brasil
   Como eu, Maria Brasil conta histórias lindas e inspiradoras de outras mulheres. Une realidade a sonhos e nos convida a ir além, conectadas à nossa essência. Isso vale para pessoas e para marcas. Ela faz um alerta sobre o perigo de um "quase" ou "meio que". Revela, enfim, que, ao descobrirmos os véus que nos cobrem, podemos encontrar nossa verdadeira essência e propósito.

   Inspire-se: https://www.youtube.com/watch?v=RQIUfCXhacA

5. **TED Talks / Do Que É Feita uma Vida Boa?** — Robert Waldinger
   Riqueza e fama são o que movem as pessoas? Robert Waldinger faz parte de uma equipe de Harvard que estudou o desenvolvimento do ser humano. Durante 75 anos, 724 pessoas foram observadas, e o trabalho continuou com mais de 2 mil descendentes. O que torna as pessoas mais felizes e mais saudáveis? Eles descobriram. E vou dizer apenas o início: bons relacionamentos.

   Inspire-se: https://www.youtube.com/results?search_query=what+makes+a+good+life+legendado+

6. **Harvard Magazine / J. K. Rowling Speaks at Harvard Commencement** — J. K. Rowling
   O filme dela já consta nesta biblioteca, e não podia deixar esse discurso de fora. Gosto de histórias que mostram que o sucesso não acontece por acaso. Com a mesma criatividade e espirituosidade com que criou *Harry Potter*, a escritora compartilha com

os formandos dessa universidade a sua trajetória, incluindo as falhas que cometeu. Eu também a admiro por ser uma grande filantropa.

Inspire-se: https://www.youtube.com/watch?v=wHGqp8lz36c

7. **Harvard University / Oprah Winfrey Harvard Commencement Speech** — Oprah Winfrey
   O que é essa mulher, minha gente? Tinha tudo para dar errado, mas deu muito certo. Manteve seu entusiasmo, suas crenças e suas forças. A mim, faz parecer que, agora rica e famosa, ela era a mesma pessoa de quando pobre e anônima. Oprah soube aplicar maravilhosamente bem a frase: "Não importa o que a vida fez de você, mas o que você faz com o que a vida fez de você." — Jean Paul Sartre.

   Inspire-se: https://www.youtube.com/watch?v=GMWFieBGR7c

8. **Oscars / Angelina Jolie receives the Jean Hersholt Humanitarian Award at the 2013 Governors Awards** — Angelina Jolie
   Quando vi esse discurso há alguns anos, lembro-me do impacto que ele causou em mim — em especial, o reconhecimento às muitas mulheres e atrizes que têm tanto talento quanto ela, mas que não conseguiram a mesma visibilidade. Angelina admite que muitas não tiveram as mesmas oportunidades. Um show de empatia, humildade e sororidade.

   Inspire-se: https://www.youtube.com/watch?v=2ATgxOp31ol

9. **TV Evangelizar / As Lembranças da Doutora Zilda Arns Após Sete Anos da Sua Morte** — Zilda Arns
   A essa altura, você já conhece essa mulher extraordinária, de família e de valores. Vocês conseguem imaginar, porém, o quanto a indústria farmacêutica ficou incomodada quando ela popularizou o soro caseiro? Pois ela também enfrentou isso. Morreu

pela causa, literalmente, em um terremoto no Haiti, mas vive em muitas mulheres e pessoas que continuam seu legado, como sua família e tantas outras pessoas.

Inspire-se: https://www.youtube.com/watch?v=wBoUqBXwKrA

10. **Jonas Minero / Chiara Lubich. Carisma, História, Cultura** — Chiara Lubich
Sou muito grata por ter tido contato com o movimento que essa grande mulher fundou quando tinha 15 anos. Esse vídeo resume muito bem a história e o legado dessa mulher. O Amor nasceu em uma guerra? Sim, nasceu e nunca mais morreu. Sua coerência é o que mais me encanta. Ela conseguia agir de acordo com o que falava. Quem de nós pode afirmar isso? Enfim, Chiara já partiu, mas sua influência está em 195 países, praticamente no mundo todo. "Que todos sejam um." O legado dela continua comigo <3

Inspire-se: https://www.youtube.com/watch?v=sy7AzPtCPdk

> "Tudo é suportável quando há amor. Meu desejo é que você dê mais amor a mais pessoas. A única coisa que vive para sempre é o amor."

Elisabeth Kübler-Ross, psiquiatra[9]

Tem alguma sugestão de livro, filme ou palestra?
Quer desabafar ou compartilhar a sua história de mulher equilibrista?
Então, escreva para mim: adriana@mulheresequilibristas.com.br.

Agradecimentos

Agradeço a Deus, pelo Seu amor incondicional e pela nossa conexão.

Aos meus pais, que me deram a vida e muito além do que receberam, Auri Loch e Iloni Catarina Loch (*in memorian*).

Às seis mulheres equilibristas, minhas amigas, que escolhi cuidadosamente por conhecer suas histórias e por aceitarem resgatar uma parte delas para compartilhar neste livro: Fabiane Xavier, Ida Noriler, Rafaele Vancini, Herivana Paul, Karina Nozar e Juliana Loch.

A Tatiane R. Lima, que me ajudou incansavelmente na construção desta obra.

Às mulheres fortes e inspiradoras que passaram pela minha vida — felizmente, são tantas, e cada uma delas reforçou e evidenciou o que eu acredito e aqui compartilho.

Às minhas afilhadas, que me permitiram um estágio de "mãe" e afloraram a minha vontade pela maternidade. Obrigada, Stephani Mahl e Renata Passarin Gurtat.

Aos homens maravilhosos com quem pude trabalhar.

A todas as pessoas que contribuíram para esta obra, que citadas ou não neste livro, mas que sabem que fazem parte dessa minha história.

Notas

Capítulo 1

1 TEDWomen2010: https://www.ted.com/talks/sheryl_sandberg_why_we_have_too_few_women_leaders?language=pt-br. Último acesso: 30/09/2023.

2 Idem.

3 "Um avião só decola sob vento contrário". Chieko Aoki. LinkedIn, 19 de outubro de 2016. Disponível em: https://www.linkedin.com/pulse/um-avi%C3%A3o-s%C3%B3-decola-sob-vento-contr%C3%A1rio-chieko-aoki/. Último acesso: 07/01/2020.

4 Leila Velez, para o Sebrae Inspira: https://www.facebook.com/sebrae/photos/a.192336714128466/21934445240 7665/?type=1&theater. Último acesso: 08/01/2020.

5 Empretec: https://www.sebrae.com.br/sites/PortalSebrae/sebraeaz/empretec-fortaleca-suas-habilidades-como-empreendedor,db3c36627a963410VgnVCM1000003b74010aRCRD. Último acesso: 08/01/2020.

6 Janete Vaz – Day 1 – Endeavor: https://endeavor.org.br/desenvolvimento-pessoal/mulheres-empreendedoras/. Último acesso: 08/01/2020.

7 ASHWORTH, Trisha; NOBILE, Amy. *Eu era uma ótima mãe até ter filhos: Como lidar com os desafios da maternidade com amor e bom humor*. Sextante, 2008.

8 "Maternidade x carreira: o desafio que vale a pena". O Estado de S.Paulo, 19 de maio de 2019. Disponível em: https://politica.estadao.com.br/blogs/fausto-macedo/maternidade-x-carreira-o-desafio-que-vale-a-pena/. Último acesso: 08/01/2020.

9 Brené Brown – Netflix – The Call To Courage: https://www.netflix.com/watch/81010166?trackId=14277281&tctx=0%2C0%2C33e5c59b-eef9-4a39-b367-1953e7667153-29697015%2C%2C. Último acesso: 08/01/2020.

10 Movimento dos Focolares: https://www.focolare.org/. Último acesso: 13/05/2021.

11 "Conclusão da fase diocesana do processo de beatificação de Chiara Lubich". Vatican News, 17 de outubro de 2019. Disponível em: https://www.vaticannews.va/pt/igreja/news/2019-10/chiara-lubich-conclusao-fase-diocesana-processo-beatificacao.html. Último acesso: 15/01/2020.

12 Marie Forleo — Instagram: https://www.instagram.com/p/B57uONPA-t1/. Último acesso: 08/01/2020.

13 Bôscoli, João Marcello. *Elis e eu*. 2ª Ed., São Paulo: Editora Planeta, 2019.

14 "É possível ser feliz em qualquer trabalho?". *Valor Econômico*, 21 de agosto de 2019. Disponível em: https://valor.globo.com/carreira/diva-executivo/post/2019/08/e-possivel-ser-feliz-em-qualquer-trabalho.ghtml. Último acesso: 08/01/2020.

15 "The power of women coming together". *Evoke*, 5 de novembro de 2019. Disponível em: https://www.evoke.org/articles/november-2019/big-ideas/power-of-women-coming-together-melinda-gates/?utm_source=FB&utm_medium=MG_OG&utm_campaign=EV_NOV&utm_content=112519_POST_&linkId=77685245&fbclid=IwAR3eenD2Inw1oSDoNc3A6DiYlx7gsdkGU5nIne9y8jhyDkBjBfbVhNYf7fA. Último acesso: 08/01/2020.

16 MUNDY, Lisa. *Code Girls: The Untold Story of the American Women Code Breakers of World War II*. Hachette Books, 2017.

Capítulo 2

1 CARARO, Aryane; SOUZA, Duda Porto de. *Extraordinárias: Mulheres que revolucionaram o Brasil*. Editora Seguinte, 2018.

2 Antonieta de Barros — Memória Política de Santa Catarina: http://memoriapolitica.alesc.sc.gov.br/biografia/68-Antonieta_de_Barros. Último acesso: 06/02/2020.

3 Acervo Biblioteca Pública de Santa Catarina: http://hemeroteca.ciasc.sc.gov.br/republica/1933/REP1933677.pdf. Último acesso: 06/02/2020.

4 BRITO, Cristiana Xavier de. *Mulher alfa: liderança que inspira*. Belo Horizonte (MG): Letramento Alpha Business, 2018.

5 Katie Sowers — Twitter: https://twitter.com/KatieSowers/status/1217172306700554240. Último acesso: 14/01/2020.

6 "Mulheres aumentam escolaridade em relação aos homens, mostra pesquisa". Agência Brasil, 17 de junho de 2019. Disponível em: http://agenciabrasil.ebc.com.br/economia/noticia/2019-06/mulheres-aumentam-escolaridade-em-relacao-aos-homens-mostra-pesquisa. Último acesso: 20/01/2020.

7 "Em 2018, mulher recebia 79,5% do rendimento do homem". Agência IBGE, 08 de março de 2019. Disponível em: https://valor.globo.com/brasil/noticia/2015/06/16/mulheres-recebem-o-equivalente-a-79-do-salario-dos-homens-diz-ibge.ghtml. Último acesso: 23/01/2020.

8 "Jornada dupla rende 3 horas a mais de trabalho para mulher, diz IBGE". *Valor Econômico*, 07 de dezembro de 2017. Disponível em: https://valor.globo.com/brasil/noticia/2017/12/07/jornada-dupla-rende-3-horas-a-mais-de-trabalho-para-mulher-diz-ibge.ghtml. Último acesso: 23/01/2020.

9 "1 a cada 5 mulheres sofre assédio sexual no trabalho". *Você S/A*, 11 de julho de 2019. Disponível em: https://exame.abril.com.br/carreira/1-a-cada-5-profissionais-sofreu-assedio-sexual-no-trabalho-veja-relatos/. Último acesso: 27/01/2020.

10 "Brasil registra mais de 180 estupros por dia; número é o maior desde 2009". *El País Brasil*, 11 de setembro de 2019. Disponível em: https://www1.folha.uol.com.br/cotidiano/2019/09/brasil-registra-mais-de-180-estupros-por-dia-numero-e-o-maior-desde-2009.shtml. Último acesso: 27/01/2020.

11 "Morte de mulheres dentro de casa cresce 17% em cinco anos". *Folha de S.Paulo*, 5 de junho de 2019. Disponível em: https://www1.folha.uol.com.br/cotidiano/2019/06/morte-de-mulheres-dentro-de-casa-cresce-17-em-cinco-anos.shtml. Último acesso: 27/01/2020.

12 "Mulheres terão de esperar dois séculos por igualdade no trabalho". DW, 18 de dezembro de 2019. Disponível em: https://www.dw.com/pt-br/mulheres-ter%C3%A3o-de-esperar-dois-s%C3%A9culos-por-igualdade-no-trabalho/a-51719785. Último acesso: 27/01/2020.

13 "PIB cresceria 16% com mais mulheres no mercado, diz BID". *Folha de S.Paulo*, 15 de março de 2018. Disponível em: https://www1.folha.uol.com.br/mercado/2018/03/pib-cresceria-16-com-mais-mulheres-no-mercado-diz-bid.shtml. Último acesso: 23/01/2020.

14 "A masculinidade tóxica no mundo dos negócios". Folha de S.Paulo, 6 de junho de 2020. Disponível em: https://www1.folha.uol.com.br/opiniao/2020/01/a-masculinidade-toxica-no-mundo-dos-negocios.shtml. Último acesso: 23/01/2020.

15 Sandberg, Sheryl. *Faça acontecer: mulheres, trabalho e a vontade de liderar* / Sheryl Sandberg com Nell Scovell; tradução Denise Bottmann. — 1ª ed. São Paulo: Companhia das Letras, 2013.

16 "Hillary Clinton Endorses Barack Obama". *The New York Times*, 7 de junho de 2008. Disponível em: https://www.nytimes.com/2008/06/07/us/politics/07text-clinton.html. Último acesso: 25/01/2020.

17 BÜNDCHEN, Gisele. *Aprendizados: Minha caminhada para uma vida com mais significado*. BestSeller, 2018.

18 ILHA, Maria da. *Farrapos de ideias: Notas biográficas*. Imprensa Oficial do Estado de Santa Catarina. ETEGRAF LTDA, 1971.

19 "Sundance 2012: Ava Duvernay Becomes First Black Woman To Win Best Director Prize For 'Middle Of Nowhere' (VIDEO)". Huffpost, 30 de janeiro de 2012. Disponível em: https://www.huffpost.com/entry/ava-duvernay-sundance_n_1241286. Último acesso: 23/01/2020.

20 "Ava Duvernay é a 1ª diretora negra a ser indicada ao Globo de Ouro". G1, 11 de dezembro de 2014. Disponível em: http://g1.globo.com/pop-arte/cinema/noticia/2014/12/diretora-de-selma-e-1-mulher-negra-ser-indicada-ao-globo-de-ouro.html. Último acesso: 23/01/2020.

21 Ava DuVernay: https://www.instagram.com/p/BMT9X2-g5q2/. Último acesso: 23/01/2020.

22 Ryane Leão — Instagram: https://www.instagram.com/p/BtOhEPZB3rS/. Último acesso: 27/01/2020.

23 "Mulher não pede". *Exame*, 9 de outubro de 2018. Disponível em: https://exame.abril.com.br/carreira/mulher-nao-pede-m0042610/. Último acesso: 27/01/2020.

24 Linda Babcock — Social and Decision Sciences: https://www.cmu.edu/dietrich/sds/people/faculty/linda-babcock.html. Último acesso: 27/01/2020.

25 Idem *Exame*.

26 Idem *Exame*.

27 "Tania Cosentino - À vontade em um universo mais masculino". *Valor Econômico*, 08 de março de 2013. Disponível em: https://valor.globo.com/eu-e/noticia/2013/03/08/tania-cosentino-a-vontade-em-um-universo-mais-masculino.ghtml. Último acesso: 27/01/2020.

28 "Síndrome de Impostor: O que é e como você pode lidar com ela". BBC, 28 de dezembro de 2018. Disponível em: https://www.bbc.com/portuguese/curiosidades-46705305. Último acesso: 27/01/2020.

29 "Discurso de Emma Watson, embaixadora da Boa Vontade da ONU Mulheres, no lançamento da campanha HeForShe". ONU Brasil, 24 de setembro de 2014. Disponível em: http://www.onumulheres.org.br/noticias/discurso-de-emma-watson-embaixadora-da-boa-vontade-da-onu-mulheres-no-lancamento-da-campanha-heforshe/. Último acesso: 27/01/2020.

30 "Sua linguagem corporal molda quem você é". TED Global 2012. Disponível em: https://www.ted.com/talks/amy_cuddy_your_body_language_may_shape_who_you_are/transcript?language=pt-br. Último acesso: 27/01/2020.

31 Idem.

32 MANUS, Ruth. *Mulheres não são chatas, mulheres estão exaustas: Direitos, trabalho, família e outras inquietações da mulher do século XXI*. Editora Sextante, 2019.

Capítulo 3

1 LISPECTOR, Clarice. *A hora da estrela*. Editora Rocco, 1977.

Capítulo 4

1 "1 a cada 4 empresas fecha antes de completar 2 anos no mercado, segundo Sebrae". *EXAME*, 15/08/2019. Disponível em: https://exame.abril.com.br/negocios/dino_old/1-a-cada-4-empresas-fecha-antes-de-completar-2-anos-no-mercado-segundo-sebrae/. Último acesso: 09/03/2020.

Capítulo 5

1 "Fernanda Montenegro lança autobiografia, que percorre os seus 70 anos de palco". *Folha de S.Paulo*, 20/09/2019. Disponível em: https://www1.folha.uol.com.br/ilustrada/2019/09/fernanda-montenegro-lanca-autobiografia-que-percorre-os-seus-70-anos-de-palco.shtml. Último acesso: 03/03/2020.

2 "Qual foi a primeira telenovela brasileira?". *Superinteressante*, 4/07/2018. Disponível em: https://super.abril.com.br/mundo-estranho/qual-foi-a-primeira-telenovela-brasileira/. Último acesso: 03/03/2020.

3 MONTENEGRO, Fernanda. *Prólogo, ato, epílogo*. Companhia das Letras, 2019.

4 "20 razões que fizeram de Fernanda Montenegro a grande dama da dramaturgia brasileira". M de Mulher, 05/11/2016. Disponível em: https://mdemulher.abril.com.br/famosos-e-tv/20-razoes-que-fizeram-de-fernanda-montenegro-a-grande-dama-da-dramaturgia-brasileira/. Último acesso: 03/03/2020.

5 "Fernanda Montenegro é a mulher mais admirada do Brasil, revela pesquisa". *O Estado de S.Paulo*, 08/03/2020. Disponível em: https://emais.estadao.com.br/noticias/comportamento,fernanda-montenegro-e-a-mulher-mais-admirada-do-brasil-revela-pesquisa,70002748037. Último acesso: 06/03/2020.

6 "Dez curiosidades sobre a atriz Fernanda Montenegro, que completa 90 anos nesta quarta (16)". *Extra*, 16/10/2019. Disponível em: https://extra.globo.com/tv-e-lazer/dez-curiosidades-sobre-atriz-fernanda-montenegro-que-completa-90-anos-nesta-quarta-16-24019821.html. Último acesso: 03/03/2020.

7 "Fernanda Montenegro chega aos 90 anos com 3 filmes, corrida pelo Oscar e livro de memórias". G1, 16/10/2019. Disponível em: https://g1.globo.com/pop-arte/noticia/2019/10/16/fernanda-montenegro-chega-aos-90-anos-com-3-filmes-corrida-pelo-oscar-e-livro-de-memorias.ghtml. Último acesso: 03/03/2020.

8 "Fernanda Montenegro". *Trip*, 10/11/2011. Disponível em: https://revistatrip.uol.com.br/tpm/fernanda-montenegro. Último acesso: 03/03/2020.

9 "94% das mulheres sentem dificuldades para conciliar maternidade e carreira". Disponível em: https://revistacrescer.globo.com/Familia/Maes-e-Trabalho/noticia/2019/12/94-das-mulheres-sentem-dificuldades-para-conciliar-maternidade-e-carreira.htmlÚltimo. Último acesso: 03/03/2020.

10 Idem.

11 "Romantizar empreendedorismo materno é cilada! Veja startups que ajudam mães". UOL, 31/10/2019. Disponível em: https://www.uol.com.br/universa/noticias/redacao/2019/10/31/romantizar-empreendedorismo-materno-e-cilada-veja-startups-que-ajudam-maes.htm?fbclid=IwAR2c-B7d9dXzFJsgZ6kNg7T55R54KjTZ7jXdC6rQ7elJWnNGXslooYWGjD0&cmpid=copiaecola. Último acesso: 06/03/2020.

12 "Licença estendida falha em manter mães no mercado de trabalho". *Folha de S.Paulo*, 08/03/2020. Disponível em: https://www1.folha.uol.com.br/mercado/2020/03/licenca-estendida-falha-em-manter-maes-no-mercado-de-trabalho.shtml. Último acesso: 08/03/2020.

13 "Trabalho traz mais satisfação que as conquistas pessoais". *Valor Econômico*, 16/01/2020. Disponível em: https://valor.globo.com/carreira/noticia/2020/01/16/trabalho-traz-mais-satisfacao-que-as-conquistas-pessoais.ghtml. Último acesso: 04/03/2020.

14 "Cresce percentual de mulheres em São Paulo que dividem igualmente cuidados com filhos, diz pesquisa". *Folha de S.Paulo*, 4 março de 2020. Disponível em: https://www1.folha.uol.com.br/cotidiano/2020/03/cresce-percentual-de-mulheres-em-sao-paulo-que-dividem-igualmente-cuidados-com-filhos-diz-pesquisa.shtml. Último acesso: 05/03/2020.

15 "Em 15 anos, número de famílias chefiadas por mulheres quase dobra". Época Negócios, 6 de março de 2018. Disponível em: https://epocanegocios.globo.com/Economia/noticia/2018/03/em-15-anos-numero-de-familias-chefiadas-por-mulheres-mais-que-dobra.html. Último acesso: 23/03/2020.

16 ADICHIE, Chimamanda Ngozi. *Para educar crianças feministas: Um manifesto.* Companhia das Letras, 2017.

17 Bebês em foco — Netflix: https://www.netflix.com/title/80117833, 2020.

18 OBAMA, Michelle. *Minha história*. Tradução Débora Landsberg, Denise Bottmann, Renato Marques. — 1ª ed. Rio de Janeiro: Objetiva, 2018

19 Idem.

20 Idem.

21 Idem.

22 "Cresce percentual de mulheres em São Paulo que dividem igualmente cuidados com filhos, diz pesquisa". *Folha de S.Paulo*, 4 março de 2020. Disponível em: https://www1.folha.uol.com.br/cotidiano/2020/03/cresce-percentual-de-mulheres-em-sao-paulo-que-dividem-igualmente-cuidados-com-filhos-diz-pesquisa.shtml. Último acesso: 05/03/2020.

23 "As várias configurações das famílias brasileiras". *Revista Crescer*, 4/12/2018. Disponível em: https://revistacrescer.globo.com/Familia/Novas-familias/noticia/2018/12/varias-configuracoes-das-familias-brasileiras.html. Último acesso, 06/03/2019.

24 "Novas configurações de famílias provam que o amor vai muito além do tradicional 'mãe + pai + filhos'". Hypeness, março de 2015. Disponível em: https://www.hypeness.com.br/2015/03/novas-configuracoes-de-familias-provam-que-o-afeto-vai-muito-alem-do-tradicional-mae-pai-filhos/. Último acesso: 06/03/2020.

25 "Mudanças na configuração familiar". *Folha de S.Paulo*, 05 de junho de 2012. Disponível em: https://falecomigo.blogfolha.uol.com.br/2012/06/05/mudancas-na-configuracao-familiar/. Último acesso: 06/03/2020.

26 "Quando o patrão incentiva a fertilidade". *O Estado de S.Paulo*, 17/08/2019. Disponível em: https://economia.estadao.com.br/noticias/geral,quando-o-patrao-incentiva-a-fertilidade,70002970951. Último acesso: 06/03/2020.

27 Shine On With Reese — episódio 4 — *P!nk* — Netflix, 2018.

28 TROIANO, Cecília Russo. *Aprendiz de equilibrista: Como ensinar os filhos a conciliar família e carreira*. São Paulo: Editora Évora, 2011.

29 Caio Carneiro — Página Oficial no Facebook: https://www.facebook.com/caiocarneirooficial/videos/2083856171731468/?v=2083856171731468. Último acesso: 06/03/2020.

30 GRANT, Adam; SANDBERG, Sheryl. *Plano B: Como encarar adversidades, desenvolver resiliências e encontrar felicidade*. São Paulo: Companhia das Letras, 2017.

31 Trip, 10/11/2011.

32 "'Se tiveram má criação, foi porque você trabalhou', diz Luiza Trajano". *Folha de S.Paulo*, 13 de maio de 2018. Disponível em: https://www1.folha.uol.com.br/mercado/2018/05/se-tiveram-ma-criacao-foi-porque-voce-trabalhou-diz-luiza-trajano.shtml. Último acesso: 06/03/2020.

33 RHIMES, Shonda. *O ano em que disse sim*. São Paulo: BestSeller, 2016.

34 TROIANO, Cecilia. *Vida de equilibrista: Dores e delícias da mãe que trabalha*. Cultrix, 2007.

35 Educação Para a Paz (Thais Balise) — Instagram: https://www.instagram.com/p/BvfVBktnsiY/. Último acesso: 07/03/2020.

36 RHIMES, Shonda. *O ano em que disse sim: Como dançar, ficar ao sol e ser a sua própria pessoa*. BestSeller, 2016.

Capítulo 8

1 "8 fatos sobre Zilda Arns, a 'Madre Teresa brasileira'". *Galileu*, 12 de janeiro de 2020. Disponível em: https://revistagalileu.globo.com/Sociedade/noticia/2020/01/8-fatos-sobre-zilda-arns-madre-teresa-brasileira.html. Último acesso: 31/03/2020.

2 "A história da fundadora da Pastoral da Criança, Zilda Arns". Paraná Portal, 27 de outubro de 2016. Disponível em: https://paranaportal.uol.com.br/colunas/memoria-paranaense/a-historia-da-fundadora-da-pastoral-da-crianca-zilda-arns/. Último acesso: 31/03/2020.

3 Zilda Arns — Britannica Escola: https://escola.britannica.com.br/artigo/Zilda-Arns/487816. Último acesso: 07/03/2020.

4 A história da fundadora da Pastoral da Criança, Zilda Arns. Portal Paraná. 2016. Disponível em https://paranaportal.uol.com.br/memoria-paranaense/a-historia-da-fundadora-da-pastoral-da-crianca-zilda-arns. Último acesso: 31/03/ 2020.

5 "Zilda Arns: chamado que salvou vidas". *O Estado de S.Paulo*, 14 de janeiro de 2010. Disponível em: https://www.estadao.com.br/noticias/geral,zilda-arns-chamado-que-salvou-vidas,495395. Último acesso: 31/03/2020.

6 Pastoral da Criança — Quem Somos: https://www.pastoraldacrianca.org.br/quemsomos. Último acesso: 22/03/2020.

7 Biografia da Dra. Zilda Arns Newmann: https://www.pastoraldacrianca.org.br/biografia-dra-zilda. Último acesso: 19/03/2020.

8 Pastoral da Pessoal Idosa — Quem Somos: http://www.pastoraldapessoaidosa.org.br/index.php/typography-mainmenu-33. Último acesso: 23/03/2020.

9 "Médica morreu na hora, atingida pelo teto de uma igreja". *O Estado de S.Paulo*, 15 de janeiro de 2010. Disponível em: https://www.estadao.com.br/noticias/geral,medica-morreu-na-hora-atingida-pelo-teto-de-uma-igreja,496013. Último acesso: 31/03/2020.

10 "Fernanda Montenegro". Trip, 10/11/2011. Disponível em: https://revistatrip.uol.com.br/tpm/fernanda-montenegro. Último acesso: 03/03/2020.

11 Pastoral da Criança — https://www.pastoraldacrianca.org.br/noticias2/4568-ordem-merito-medico. Último acesso: 03/03/2020.

12 "Dez anos sem o trabalho de Zilda Arns na Pastoral da Criança". *Folha de Londrina*, 18 de janeiro de 2020. Disponível em: https://www.folhadelondrina.com.br/folha-entrevista/dez-anos-sem-o-trabalho-de-zilda-arns-na-pastoral-da-crianca-2979722e.html. Último acesso: 29/02/2020.

13 YouTube. Nova Acrópole — Por que não realizamos nossos sonhos?: https://www.youtube.com/watch?v=qPeLDb-GX90. Último acesso: 29/02/2020.

14 Idem.

15 Idem.

16 As mulheres mais poderosas do Brasil — Claudia Woods, Diretora Geral da Uber. *Revista Forbes* — Ano VII — Edição nº 75, 2020.

17 Hanson, Rick; Hanson, Forrest. *O poder da resiliência*. Rio de Janeiro: Editora Sextante, 2019.

18 "Emotional Intelligence Myth vs. Fact". Daniel Goleman — LinkedIn Pulse, 4 de abril de 2017. Disponível em: https://www.linkedin.com/pulse/emotional-intelligence-myth-vs-fact-daniel-goleman/. Último acesso: 17/04/2020.

19 Idem.

20 RISE, Claudio. *A inaceitável ausência do pai*. Editora Cidade Nova, 2010.

21 ROCHA, Patrícia. *Mulheres sob todas as luzes: A emancipação feminina e os últimos dias do patriarcado*. Belo Horizonte: Editora Leitura, 2009.

22 "Em 2018, expectativa de vida era de 76,3 anos". Agência IBGE, 28 de novembro de 2019. Disponível em: https://agenciadenoticias.ibge.gov.br/agencia-sala-de-imprensa/2013-agencia-de-noticias/releases/26104-em-2018-expectativa-de-vida-era-de-76-3-anos. Último acesso: 17/04/2020.

23 Carolina Nalon — Instagram: https://www.instagram.com/p/B-XfPO2nsUH/. Último acesso: 30/03/2020.

24 Glennon Doyle — Instagram: https://www.instagram.com/p/B9MbnVChnvf/. Último acesso: 01/03/2020.

25 "Terremoto que matou 300 mil no Haiti faz 10 anos". Portal Exame, 12 de janeiro de 2020. Disponível em: https://exame.abril.com.br/mundo/terremoto-que-matou-300-mil-no-haiti-faz-10-anos/. Último acesso: 01/02/2020.

26 Pastoral da Criança — biografia Zilda. Último acesso: 03/03/2020.

27 "De Dois Riachos ao topo do mundo: em seis atos, a história de Marta, a garota que virou Rainha". Globo Esporte, 13 de junho de 2019. Disponível em: https://globoesporte.globo.com/futebol/copa-do-mundo-feminina/noticia/de-dois-riachos-ao-topo-do-mundo-em-seis-atos-a-historia-de-marta-a-garota-que-virou-rainha.ghtml. Último acesso: 02/04/2020.

28 "Marta, a Rainha do Futebol". *El País Brasil*, 9 de junho de 2019. Disponível em: https://brasil.elpais.com/brasil/2019/06/04/eps/1559643295_962249.html. Último acesso: 02/04/2020.

29 "Marta diz que recorde é para todas as mulheres 'num esporte que ainda é masculino para muitos'". Globo Esporte, 18 de junho de 2019. Disponível em: https://globoesporte.globo.com/futebol/copa-do-mundo-feminina/noticia/marta-quebrar-recordes-e-algo-que-acontece-naturalmente-quando-se-faz-com-amor.ghtml. Último acesso: 02/04/2020.

30 "Chorem no começo para sorrir no fim". Extra, 23 de junho de 2020. Disponível em: https://extra.globo.com/esporte/marta-desabafa-faz-apelo-chorem-no-comeco-para-sorrir-no-fim-23758800.html. Último acesso: 02/04/2020.

31 Canal Augusto Cury — Youtube — O que é uma vida sem sonhos: https://www.youtube.com/watch?v=4DBDNC7Zkmo. Último acesso: 08/04/2020.

32 Instituto Guga Kuerten — Institucional: http://igk.org.br/instituto-guga-kuerten/. Último acesso: 13/04/2021.

33 Voluntária por paixão: Alice Kuerten — TEDxFloripa 2012: https://www.youtube.com/watch?v=p_ynOcyWZnI. Último acesso: 13/04/2020.

34 As mulheres mais poderosas do Brasil — Maria Cristina Peduzzi, Presidente do Tribunal Superior do Trabalho. *Revista Forbes* — Ano VII — Edição nº 75, 2020.

35 "A jovem cientista da escola pública que chegou onde nenhum brasileiro chegou". *El País Brasil*, 6 de março de 2020. Disponível em: https://www.youtube.com/watch?v=p_ynOcyWZnI. Último acesso: 02/04/2020.

Capítulo 11

1 "The Quiet German". *The New Yorker*, 24 de novembro de 2014. Disponível em: https://www.newyorker.com/magazine/2014/12/01/quiet-german. Último acesso: 04/05/2020.

2 Unesco — Women in Science: http://uis.unesco.org/en/topic/women-science. Último acesso: 04/05/2020.

3 "Special Report: Don't call him Mr. Merkel". Reuters, 16 de maio de 2012. Disponível em: https://www.reuters.com/article/us-germany-sauer/special-report-dont-call-him-mr-merkel-idUSBRE84F07420120516. Último acesso: 04/05/2020.

4 LOEHKEN, Sylvia. *The Power of Personality: How Introverts and Extroverts Can Combine to Amazing Effect*. John Murray, 2016.

5 "Angela Merkel and the myth of charismatic leadership". *Independent*, 12 de setembro de 2013. Disponível em: https://www.independent.co.uk/voices/comment/angela-merkel-and-the-myth-of-charismatic-leadership-8812441.html. Último acesso: 04/05/2020.

6 "The World's Most Powerful Woman Won't Call Herself a Feminist". *The New York Times*, 16 de setembro de 2017. Disponível em: https://www.nytimes.com/2017/09/16/Sunday-review/angela-merkel-feminist-germany.html. Último acesso: 04/05/2020.

7 *The New Yorker*, 12 de setembro de 2013.

8 "Coronavirus and Germany: Why the world is looking to Angela Merkel". DW, 25 de abril de 2020. Disponível em: https://www.dw.com/em/coronavirus-and-germany-why-the-world-is-looking-to-angela-merkel/a-53236840. Último acesso: 04/05/2020.

9 "A mudança não é só possível. Ela já começou." *Nexo Jornal*, 01 de março de 2020. Disponível em: https://www.nexojornal.com.br/colunistas/tribuna/2019/A-mudan%C3%A7a-n%C3%A3o-%C3%A9-s%C3%B3-poss%C3%ADvel.-Ela-j%C3%A1-come%C3%A7. Último acesso: 05/05/2020.

10 "Veja a lista de todas as deputadas federais eleitas em 2018". UOL Universa, 09 de outubro de 2018. Disponível em: https://www.uol.com.br/universa/noticias/redacao/2018/10/09/veja-a-lista-de-todas-as-deputadas-federais-eleitas-em-2018.htm?cmpid=copiaecola. Último acesso: 06/05/2020.

11 TEDxSãoPaulo — Tabata Amaral — Um Sonho Se Constrói Junto: https://www.youtube.com/watch?v=aD4KdbdLr3E. Último acesso: 06/05/2020.

12 "De Harvard ao Congresso: quem é a jovem deputada que deu lição em Vélez". *Exame*, 28 de março de 2019. Disponível em: https://exame.abril.com.br/brasil/quem-e-tabata-amaral-a-jovem-deputada-que-deu-uma-licao-a-velez/. Último acesso: 050/05/2020.

13 "'Sou ativista pela educação, não ativista política', diz deputada federal Tabata Amaral". *Valor Econômico*, 17 de maio de 2019. Disponível em: https://valor.globo.com/eu-e/noticia/2019/05/17/sou-ativista-pela-educacao-não-ativista-politica-diz-deputada-federal-tabata-amaral.ghtml. Último acesso: 05/05/2020.

14 "Tabata Amaral: 'Tem muito machismo nas críticas que recebi'". *O Estado de S.Paulo*, 24 de agosto de 2019. Disponível em: https://politica.estadao.com.br/noticias/geral,tabata-amaral-tem-muito-machismo-nas-criticas-que-recebi,70002981117. Último acesso: 05/05/2020.

15 "Tabata e mais 7 são suspensos do PDT por terem votado a favor da reforma". *Exame*, 17 de julho de 2019. Disponível em: https://exame.abril.com.br/brasil/

tabata-e-mais-7-são-suspensos-do-pdt-por-terem-votado-a-favor-da-reforma/. Último acesso: 05/05/2020.

16 "Arianna: 'What It Means To Be Fearless'" Huffpost, 05 de fevereiro de 2012. Disponível em: https://www.huffpost.com/entry/what-it-means-to-be-fearless_n_1457118. Último acesso: 05/05/2020.

17 Objetivos de Desenvolvimento do Milênio: https://nacoesunidas.org/tema/odm/. Último acesso: 06/05/2020.

18 ONU Mulheres — Sobre: http://www.onumulheres.org.br/onu-mulheres/sobre-a-onu-mulheres/. Último acesso: 06/05/2020.

19 "Jout, a voz dos troços e obviedades que todas nós sentimos". Huffpost, 08 de março de 2018. Disponível em: https://www.huffpostbrasil.com/2018/03/07/jout-jout-a-voz-dos-trocos-e-obviedades-que-todas-nos-sentimos_a_23379773/?utm_hp_ref=br-sororidade. Último acesso: 05/05/2020.

20 Patrícia Meirelles — Instagram: https://www.instagram.com/p/B9yesd_glq9/. Último acesso: 05/05/2020.

21 "*Winning for me is super addictive*: 7 questions with Serena Williams at TED2017". TED Blog, 25 de abril de 2017. Disponível em: https://blog.ted.com/serena-williams-at-ted2017/. Último acesso: 05/05/2020.

22 O que é o Nubank? — https://blog.nubank.com.br/nubank-o-que-e-confiavel//. Último acesso: 04/05/2020.

23 Idem.

24 Monja Coen — Instagram: https://www.instagram.com/p/B62pq9dH-nV/. Último acesso: 05/05/2020.

25 Música "Sim", Álbum "Sim", Sandy: https://www.youtube.com/watch?v=IxixWSa9dfo . Último acesso: 05/05/2020.

26 WILLIAMSON, Marianne. *A Return to Love: Reflections on the Principles of "A Course in Miracles"*. Harper Perennial, 1996.

Capítulo 12

1 Marie Curie — The Nobel Prize — Women Who Changed Science: https://www.nobelprize.org/womenwhochangedscience/stories/marie-curie. Último acesso: 22/04/2020.

2 Tradução literal: Conheça o Seu Valor e Cobre por Isso.

3 Tradução literal: Por Que as Mulheres Ambiciosas Têm Cabeças Chatas?

4 Tradução Literal: Ensine Às Garotas Coragem, Não Perfeição.

5 Tradução Literal: Por Que Nós Temos Tão Poucas Mulheres Líderes.

6 America Ferrera — Instagram: https://www.instagram.com/p/ByAQZR2h3hg/. Último acesso: 28/05/2020.

7 Tradução Literal: Então Nós "Fizemos Acontecer", e Agora?

8 ESTÉS, Clarissa Pínkola. *Mulheres que correm com os lobos*. Rio de Janeiro: Editora Rocco, 1997.

9 Kubler-Ross, Elisabeth. *A Roda da Vida*. Rio de Janeiro: Sextante, 2017.

Índice

A

B

C

F

G

H

I

J

K

L

M

N

O

P

R

S

T

V

W

Y

Z

Este livro foi impresso nas oficinas gráficas da Editora Vozes Ltda.,
Rua Frei Luís, 100 – Petrópolis, RJ.